U0145144

會考作文拿高分

當大家都實力相同時，
會考的決勝點在——作文！

藉由會考作文**得分關鍵、得分秘訣總表、作文開頭段落結尾方法總表**，
透過三大秘技、示範說明及提供設計佳句的方法。

只要勤加練習，必能在作文中展現畫龍點睛的效果，
成功的從四級分躍上六級分！

看這本就對了！

高詩佳——著

作者序 柔軟中，有堅持

投入作文教學的最初，是偶然，卻從此注定了我與「教作文」，結下了不解之緣。某個夏日的午後，我的朋友忽然對我說：「詩佳，我的才藝班需要一位作文老師。」就在他的友情感召下，我帶著緊張而未知的心情，惶惶地踏入那間小教室，展開漫長的作文教學生涯。這一教，就是十多年。我看著作文考試被廢除，又恢復，到目前深受學生和家長的重視，其中的酸甜苦辣，點滴在心頭。

在那段文學與寫作不受關注的日子，我內心有短暫的沮喪和焦慮，也感受到前所未有的寂寞。文學和寫作，一直是那樣的充實我的心，也曾在人生遭遇困頓，積勞成病之時，藉著文學的吟詠與寫作的抒發，使我的心靈盈滿。

現在，我們的學生失去了這些；未來，我們還能留給他們什麼？

但，已經荒廢的畢竟荒廢了，所以我懷抱一顆柔軟的心，繼續，堅持地，在作文教學的路上踽踽獨行，盡可能的探索，獨創出一堂又一堂精采的作文課；同時靜極思動，將多年潛心研究的作文教案，集結成《讓學生不想下課的作文課》一書，與所有的老師和家長分享。

這麼做，只希望文學和寫作不死，也因為讀者的熱愛與迴響，我亦不再寂寞，我知道，還有許多對寫作擁有同樣熱誠的人，與我同在。

自從九十五年教育部試辦基測寫作測驗，在九十六年正式實施以後，作文才真正喚起學生和家長的重視。九十八年的基測採用新的量尺分數，使得「作文」成為會考決勝的關鍵。而一〇三年即將實施「國中教育會考」，寫作測驗仍然會是應試的關鍵。

國立臺灣師範大學心測中心公布寫作測驗評分規準，聲明「寫作測驗目的是期望透過各類寫作類型，評量國中畢業學生表達見聞與思想的能力，其中包含立意取材、結構組織、遣詞造句及標點符號等寫作能力。」寫作測驗維持會考六級分的評分方式，表現對培養學生綜合寫作能力的目標。

隨著十二年國教啟動，國中會考及特招陸續公佈考題例題，從例題中發現，會考的寫作測驗比基測考題更靈活而不易處理。從一〇二年試辦國中會考題目《從那件事中，我發現了不一樣的自己》可看出端倪。

師大心測中心更宣佈特招的「語文表達」考科將採開放式命題，例如《我所知道的（地名）》，以訓練學生聯想、辨證、論述和說服能力。「閱讀理解」則類似PISA評比（閱讀素養），都是九年一貫課程中尚未加強的題型。

因此，為了銜接十二年國教的課程，未來國中會考和特招的寫作測驗考題，將接近大學學測的考題形式，這對國中學生將是極大的考驗。

寫這本書，除了想分享我個人兼顧傳統與創新的教學方法，同時也為了幫助面臨會考寫作考試的同學提升寫作力，提供老師們教學上的參考，並完成對於「搶救國語文教育」熱切的使命感。

研究所完整的學術訓練，使我不論是在教案的開發或教材的撰寫，都能秉著研究精神，謹慎而認真，撰寫這本書也抱持同樣的信念。在事前，我巨細靡遺的，將歷屆的會考考題加以研究和分析、統計，釐清複雜的考試制度，歸納未來的考試趨勢，並擬定模擬試題；同時，更搜羅所有的相關資料，擬出最完整的大綱，只希望本書能做到條理清晰、一目了然，以最快速的方式，啟發同學的寫作力。

同學閱讀本書，除了熟悉寫作技巧、掌握應考秘訣之外，還要多多體驗生活，關心世界，才能善加運用你手中的「筆」。

「寫作並非少數人的鑲飾，而是一個人的基本能力」，藉著本書，培養好你的寫作能力，那將會是你與世界溝通的橋樑。

高詩佳

CONTENTS 目錄

作者序 柔軟中，有堅持……(2)

壹 會考作文得分關鍵

一、說「長」道「短」話審題……002

1. 解析題目結構……002
2. 認識題目特性……003
3. 挖掘深層意義……004

(一) 辨識標誌法……004

(二) 三問六何法……005

1. 是什麼？→定義……006
2. 為什麼？→成因……006
3. 怎麼做？→辦法……006
4. 何時？→時間……006
5. 何地？→地點……007
6. 何人？→人物……007

(三) 化多為一法……007

(四) 逆向思考法……009

(五) 對稱平衡法……009

小結……010

二、會考作文的三維思考……011

(一) 由無到多：思考的廣度……013

1. 決定主題……013
2. 水平擴張……013

(二) 由廣而深：思考的深度……014

1. 垂直延伸……014
2. 說一個故事……015

(三) 由深而高：思考的高度……016

1. 淺層……016
2. 中層……016
3. 高層……016

(四) 練習一下！……017

小結……019

三、會考作文的金三角——描寫、論證、修辭……020

貳 描寫篇

一、描寫的含意……025
二、描寫的要領……026
三、描寫的種類……027
(一)白描……029
(二)細描……032
(三)直接描寫……036
(四)間接描寫……039
(五)主觀描寫……043
(六)客觀描寫……046
(七)象徵描寫……050
(八)對比描寫……053
(九)聯想描寫……056
(十)夢境描寫……060
(十一)感官摹寫……063
(十二)場面描寫……068
四、結語……071

參 論證篇

一、論證的含意……075
二、常用的論據……076
三、論證的要領……078
四、論證的種類……078
(一)演繹……079
(二)歸納……083
(三)類比……086
(四)對比……090
(五)反證……093
(六)引證……097
(七)例證……100
(八)因果……104
(九)比喻……107
(十)引申……111
五、結語……114

肆 修辭篇

一、修辭的含意……117
二、修辭的重要……118
三、修辭的要領……119
四、修辭的種類……120
(一)譬喻……121
1. 明喻……121
2. 隱喻……122
3. 略喻……122
4. 借喻……123
(二)轉化……126
1. 用人擬人和用物擬人……127
2. 用人擬物和用物擬物……127
3. 化虛擬實……127
(三)誇飾……130
1. 物象……131
2. 情態……131
3. 時間……131
4. 空間……132
5. 數量……132
(四)映襯……135
1. 正襯……136
2. 反襯……136
3. 對襯……136
(五)類疊……139
1. 疊字……140
2. 類字……140
3. 疊句……140
4. 類句……141
(六)頂真……144
1. 珠串型……144
2. 圓環型……145
3. 句中型……145
(七)排比……148
1. 詞組排比……149
2. 單句排比……149
3. 複句排比……150
(八)對偶……153
1. 句中對……154
2. 單句對……154
3. 隔句對……154

4.排比對……155
5.數字對……155
(九)層遞……158
1.遞升……159
2.遞降……159
3.升降合用……159
(十)借代……163
1.特徵和所在……163
2.材料和名號……164
3.部分或全體……164
4.具體或抽象……164
(十一)倒裝……167
1.顛倒詞語……168
2.顛倒句子……168
(十二)倒反……171
1.倒辭……172
2.反語……172
五、修辭的綜合運用……175
六、結語……176

伍　會考作文得分祕訣

一、會考作文得分祕訣總表……178
二、開頭段落結尾方法總表……181

壹

會考作文得分關鍵

一、說「長」道「短」話審題

二、會考作文的三維思考

三、會考作文的金三角——描寫、論證、修辭

一、說「長」道「短」話審題

品嘗咖啡，除了享受它的香濃，飲用前用濾紙沖煮咖啡，讓咖啡豆粉與熱水充分混合，溶析出四味一香，再透過濾紙滴漏出來，能過濾掉脂肪、蛋白質及不良雜質，最後，得到一杯純淨的咖啡。

作文審題如飲咖啡，溶析過濾後最是純淨。審題時，不能忽略題目的每個字，要像過濾咖啡粉，分析題目的寫作對象、範圍和重點。題目的每個細節都要審視，好比刷牙總要刷得面面俱到，將題目的各層面和角落都觸及，不能留下死角。

審題要求快速，不能像簽名一筆一畫慢慢寫，而是要像蓋章，按一個印子就完成，每個步驟都要同步結束。然而審題究竟有哪些技巧？在談之前，我們先有三個基本認識：

1.解析題目結構

一般引導式作文題目由三個部分組成：題目＋說明＋要求。如九十七年第二次基測〈那一刻，真美〉是「題目」。下面：「生活中有許多動人而美好的時刻：也許是走出戶外，發現山的壯麗與海的遼闊；或者是閱讀的時候，某段文字觸動了內心；也可能是在大雨中，看見父母為子女遞送雨傘的身影……那些動人的時刻，總是給我們美好的感覺。」就是「說明」。最後：「請寫下你生活中美的那一刻，說明它的特別之處，以及你的感受或想法。」這是「要求」。

題目是作文的中心，要你寫「那一刻」的「美」；說明是作文的引導，主要引出靈感，從說明可知，「那一刻」不限於特定的場合、時空、情境、對象，只要能給你「美好的感覺」；要求，是寫作的必要條件，一定要寫美的「特別之處」、你的「感受」或「想法」，感受用抒情、想法用議論。要細讀題目，每個部分都不能忽略。

2. 認識題目特性

作文題目分長、短，要認識長、短題目的特性。長題目字數多，範圍明確，題意具體而清楚，讓同學很容易看懂；但由於題目長，容易忽略重點，如「我從同學身上學到的事」，重點在「學到的事」，但有人只顧寫同學了不起之處，忘記寫自己的收穫。

短題目字數少，範圍較廣，但題意抽象而模糊，通常要寫出言外之意，因此審題不易。如〈路與橋〉，包含無形的人生之路和溝通之橋，如果只寫有形的道路橋梁，就偏離主題。

此外還要注意題目的「記號」。有些題目有明確的記號，從某些字眼就可以判斷使用的文體。記敘文有「回憶」、「記……的事」、「……的人」等，如〈回憶一段往事〉、〈記宜蘭之旅〉、〈最難忘的人〉。議論文有談、論、評、辨、駁，「從……談起」、「……的啟示」等，如〈談禮貌〉、〈論學生制服的存廢〉、〈知足常樂辨〉、〈從一位街頭人物談起〉。抒情文有難忘、最愛、喜歡等，如〈最難忘的人〉、〈我最愛的一首歌〉、〈我最喜歡的電影〉。題目「記號」能幫助同學迅速判斷文體。

3.挖掘深層意義

除了字面的意義，還要挖掘題目的深層意義，如題目的引申、比喻、象徵等意義，能給人啟迪和教育，可展現作者的思想層次，提升文章價值。像「跌倒」引申為人生的挫折；「春風」比喻師長和藹親切的教育；「路」象徵溝通。

就像沖泡咖啡，要一層層將咖啡粉過濾，寫作前，先就題目給的線索加以了解，看清題目和言外之意，才能在有限的時間，不慌不忙的完成一篇切合題旨的文章。這裡提供五種方法給同學參考：

(一)辨識標誌法

我們常靠人的長相特徵來記憶彼此，題目也有特徵可供辨識，適合用在長題目的審題，配合同學對題目「記號」的熟悉，就能在一兩分鐘內審題完畢。

1.**抓關鍵字**：單就題目抓出關鍵字，將題目拆解開來，就能確定題目適合的文體、寫作對象、範圍和限制。如〈影響我最深的人〉，拆開來就是「影響」、「我」、「最深」和「人」。

2.**辨明對象**：接著從關鍵字，找到寫作對象和作者立場。如〈影響我最深的人〉寫作對象是「那個人」；作者是「我」，要寫出與「我」相關的事情，而不是寫影響鄰居王大媽最深的人。

3.**確定範圍**：要確定寫作範圍，從「最」就知道只要寫「一個」人，不需要寫好幾個人對你的影響；「影響最深」是內容的範圍，寫這個人帶給你的影響有多深刻，而不是寫你有多喜愛這個人。

4. **看準重點**：看準寫作的重點，寫某個人帶給你的影響，就要拿出事實證明，像法官斷案，也是要看證據說話，所以要寫出代表性的「事情」。

5. **決定文體**：從題目記號就知道，題目中的「人」是要以記敘文來敘述你和那個人之間發生的事。

最後歸納審題的結果：〈影響我最深的人〉要用記敘文的形式，寫關於影響我最深的人的事情。

適合題目有：

最難忘的事、一次難忘的上臺經驗、一段愉快的回憶、一份好禮物、一張舊照片、一條街道、比讀書更重要的事、鳳凰花開的季節、影響我最深的一句話、鐵道風景、校園最美的角落、影響我最深的人、最緊張的時刻、登山記遊、參訪〇〇記、颱風來臨時、心動的感覺、一件事的啟示等。

(二)三問六何法

小孩都會在不懂的時候提出問題。在學習上，問問題是很重要的，哈佛大學就把問問題，當作是學習最重要的能力之一。為什麼問問題那麼重要？因為提問題是為了激發人的思考。當同學遇到短而抽象的題目時，可以先問自己三個問題：是什麼？為什麼？怎麼做？

1.是什麼？→定義

先對題目本身下定義，例如〈友誼〉，開頭就可以寫友誼是什麼？是人生重要的情感之一，或用譬喻法，將友誼比喻為最珍貴的財富。

2.為什麼？→成因

再來問為什麼人需要友誼？因為友誼很重要，人都需要朋友，好的朋友就像一本好書，我們可以和朋友一起學習、共同成長，然後敘述朋友的重要。

3.怎麼做？→辦法

最後要問該怎麼維持友誼和朋友相處？可以提出具體的方法，也可以假設和朋友有了摩擦，來思考解決之道。

以上是作文內容的「基本配備」，同學可以用親身經驗或是歷史事實、時事、故事來當例子，配合生動的說明或描寫，就相當完整。「三問」加上何時？何地？何人？就變成「六何」法：

4.何時？→時間

作文要交代事件發生的時空背景，為事件提供環境。若要舉交友的經驗，就可以交代自己是何時結交朋友，或寫出不同時期交友的感受。

5. **何地？↓地點**

空間是事情發生的地點。地點不同，文章呈現的感覺和表達的意義就不同，像在班上交的朋友，就和鄰居成為朋友不同，生活圈不一樣，發生的事也有差異。

6. **何人？↓人物**

文章必定會寫到人物，即使狀物也會寫到物的主人或購買者、收受者；寫景的文章也會提到遊客、觀賞者，所以人物也是作文內容的必要元素。

同學要記得將抽象題目如〈友誼〉，以具體的例子寫得實在；小題目如〈路邊的小草〉寫得標高立意，點出小草為生存而奮力鑽開水泥牆、柏油路的精神。

適合題目有：

媽媽的笑、父親的手、秋葉、春雨、九月的天空、天籟、火星文、卡奴、失去、沒大沒小、知足、祈禱、偶像、無知、傾聽、談自尊心、談責任、談愛美、談禮貌、謙虛、發現希望、愛的世界等。

㈢化多為一法

把問題簡單化，再難的問題都可以解決。就像用黏土雕隻恐龍，如果複雜化的去想，就不曉得該如何著手，但是簡單的先從一粒黏土，慢慢弄出四肢，然後脖子、頭、尾巴……，很快的一隻恐龍就完成了。

有些作文題目比較複雜，由兩、三個詞語組成，例如〈成功與失敗〉、〈愛心，耐心，責任心〉，如果將每個詞語都分析，會耗掉許多時間，最便捷的方法就是先找出它們彼此的聯繫關係，找出一個溝通點，再從這個點來論述。如〈請，謝謝，對不起〉的溝通點是一個「禮」字，就從「禮」來分別談這三個項目。

審視多項題目，要先明辨詞語彼此的關係，像對立關係的〈謙虛與驕傲〉，就用正面的謙虛來對比反面的驕傲，從例子比較差異。並立關係的〈學與問〉，要了解兩者都是學習重要的能力，不能偏廢。因果關係的〈努力與成功〉，要說明有努力就能成功，不努力就離成功很遠。是非選擇關係的〈勤勞與懶惰〉，就從我們要勤勞、不能懶惰來立論。非絕對關係的〈名師與高徒〉，兩者不是絕對的關係，名師不一定教出高徒，高徒也不一定是名師教出來的。能明辨關係，就能掌握立論方向，找到適合的例子。

適合題目有：

爭與讓、難與易、美與醜、時髦與創新、自負自信自滿、天使與魔鬼、自信與自大、絆腳石與墊腳石、新與舊、電腦與現代人、讀書與變化氣質、壓力與我、關心自己關心別人、沙子與海綿、柔軟的堅強、缺陷與完美、進步與落後、敬業與樂業、勤與儉等。

(四)逆向思考法

人的思考方式，不能只有直線，要能從前後、左右、上下、正反等多方面去思考。假如我們能將日常生活被視為「理所當然」的原理、原則、假設與觀念，換個角度想，往往會有意想不到的結果。像3M本想發明最黏的黏膠，卻做出不太黏的膠，於是顛覆原來的想法，利用「不太黏」的成品，發明可反覆使用的「便利貼」，可知逆向思考往往能激發創意。

當我們遇到不知如何下手，或屬於傳統價值觀的題目，就可以逆向思考，寫出新意。方法是從題目的反面去思考，題目要靜就寫不平靜，如〈談靜〉寫出靜不是停滯、不是休止，靜含有律動；要平凡就寫不平凡，如〈平凡也很美〉寫出平凡事物中不平凡的美；要實體就寫無形，如〈燈〉寫帶別人在困惑中走出來，就是無形的燈。適合用在駁論題目或是看似普通的題目。

適合題目有：

安靜的夜晚、一個平凡的人、珍貴的禮物、不一樣的一堂課、我的敵人是自己、沒有聲音的人、走出教室、知足常樂辨、從一位街頭人物談起、冬天的晚上、假期的早晨等。

(五)對稱平衡法

自然界中生物要找出不對稱的特徵還真不多，可見對稱、平衡是自然的法則，例如葉子的葉脈是左右對稱，人的五官也是。對稱的觀念被應用在所有有關形狀及大小的物件設計上，在珠飾、家具、編織、樂器等，都可找到對稱。對稱平衡法是利用比喻、象徵的對稱關係來思考，比喻的喻體和喻依對稱，象徵和被象徵物對稱。

如果作文題目是喻體，就找出喻依來寫，如〈春風〉比喻師長和藹親切的教育，就拿師長的教導當作文主軸；題目是象徵，就找出被象徵的事物來寫，如〈路〉象徵溝通，就談人與人溝通的問題。重點是要能將題目聯繫到現實生活，由物及人，而不能單純的只寫題目的表面意義。

適合的題目有：

橋、燈塔、暖流、人生的驟雨、生命的陽光、我的書中好友、泥土、給我一扇窗、海洋/母親、做時間的主人、無價之寶、感謝那一次跌倒、豐收的季節、藥、豔陽的啟示、回家、圓的聯想、一場可怕的夢、讓關心萌芽、對月懷想、打開心靈的窗等。

小結

會考作文審題，先要對作文題目準確把握，其次要求速度快捷。審題後，再將思考的成果寫出來，不能慢條斯理的分析和揣摩；有偏差的話，作文必然離題，考試時間一到，就再也無法修改。因此，同學平日應多找些題目來練習，提升審題的速度，在考場上必然能夠沉穩應對。

喝完咖啡之後，享受午後的陽光，心情是悠哉的，正如同迅速的審題之後，對於寫作內容有份十拿九穩的自信，穩當而從容。

二、會考作文的三維思考

我們每天都有機會處於三維空間，當我們走進教室時，其實就已經置身在室內的三維空間了。這是一張數學的三維座標圖，由長度、深度和高度組成，我們就從這裡來談談作文的開始。

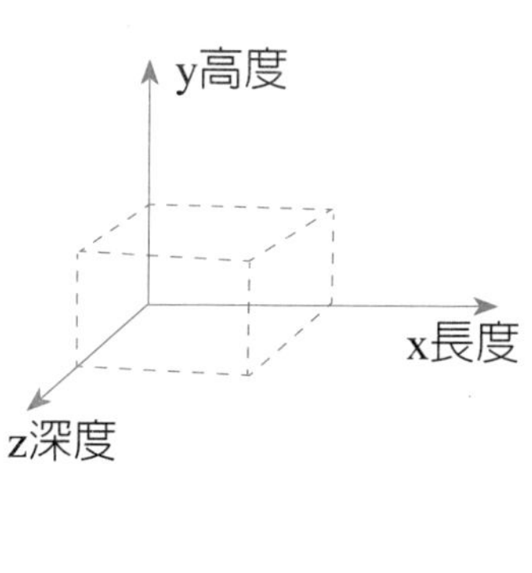

三維座標圖

想像你正站在陽明山，居高臨下，鳥瞰整個臺北市，你能見到棋盤式的道路系統、高聳參天的大樓、河岸星狀分布的公園及川流不息的車水馬龍。站在高處，你可以更完整的認識這個城市，閱讀她的歷史。寫作時，作者也要提升自己的高度，擴大視野，縱觀全局，才能全盤掌握整個文章。

想要宏觀的安排寫作架構，又能兼顧微觀的個人情思，就要具備長度、深度和高度的三維思考。長度，是將聯想力擴張的廣度；深度，是向下挖掘寫作材料的能力；高度，則是文章思想意義的價值。

一般我們組織構思作文的方式是「起、承、轉、合」，從事情的開始寫到結束，直線的將內容往前推進。雖然能很快將段落成篇，但往往一邊寫開頭，一邊想接下來該怎麼寫，寫作時對故事發展沒有清楚的概念，宛如在迷霧中步履蹣跚的往前走。

這種「想一步、走一步」的方式，容易令作者自己當局者迷，造成段落意義不連貫、組織鬆散，文章不易寫得深入、寫出創意。其實文章的結構與構思應該是立體的，如下：

審題 → 聯想材料 → 引出事件 → 創造意義

登山者在出發前，都要規劃好行走路線，才不會迷路，寫作也是。這裡以「廣度、深度、高度」，為作文思考的「三維」，引導同學組織文章結構，由無到多、由廣而深、由深而高，從平面到立體構思文章，形成完整的寫作思考系統。

(一)由無到多：思考的廣度

1.決定主題

從題目抽出主題作為原點，四面八方向外思考，聯想出許多與主題相關的詞，就像登山者找到攻頂的目標，站在最高點遊目四顧。我們找到一篇題目為「秋天」的作文，主題是「秋」。

2.水平擴張

接著由主題向外聯想，從「秋」可以想到許多具體的事物，如：落葉、月圓、豐收、黃色、菊花、楓紅、秋扇、紅葉、荒林、萋草、螃蟹、桂花、團圓……再將主題和聯想到的事物，寫成作文的第一段：

四季之中，我最愛浪漫的秋天。當秋天來臨，翠綠的葉會轉成鮮豔的楓紅，漫步在街道，偶然幾片紅葉從空中落下，飄落在我的肩上，落在手心，像是一場乾淨的小雨，卻不會弄溼我的衣服。我輕輕的將它拾起，夾在書頁，成為一片薄如蟬翼的標本，可以留住此刻的心情與感動。

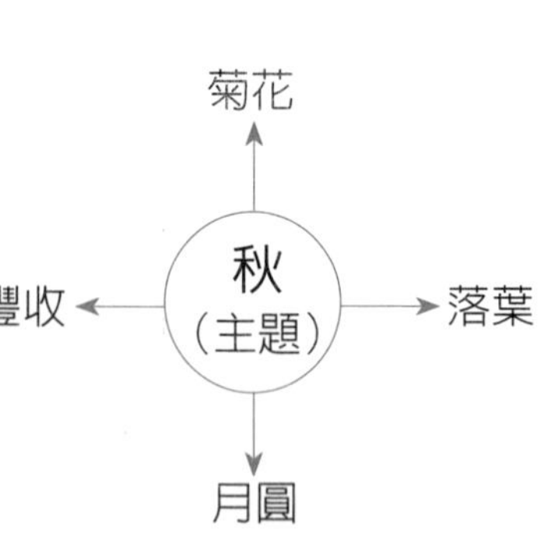

(二)由廣而深：思考的深度

1.垂直延伸

接著從前面的聯想中挖寶，找出最有感覺的材料，向下延伸思考，使文章的發展有明確的方向。我們選擇「落葉」，以「落葉」為秋的代表，寫成第二段：

秋天飛舞的落葉，飄落的姿態，像個穿著金色舞衣的舞者，用那婀娜多姿的身軀，跳出輕快的圓舞曲。誰說美麗只能駐足在盛開，而不在凋謝呢？我偏愛這凋零的美，或許是因為秋的多愁善感，或許是因為離家在外求學的孤單，我的心情有些悲傷。

2. 說一個故事

以「落葉」為起點繼續往下聯想，於是想到：離別、思鄉、悲傷、淒涼、凋零、蕭條、成熟、毛蟲、嘆息、新生、春、新芽、春泥、大地、風、雨水、陽光……從中選擇最有感覺的詞作為材料，再從這些詞說出一個真實或虛構的故事。如選擇「離別、思鄉、悲傷」寫成第三段：

最近，我發現自己總愛望著窗外，窗外似乎有獨特的風景吸引著我。那幾棵高大的美人樹，枯黃的葉子和多刺的樹幹，顯露出憔悴又固執的模樣。透過枝葉間的縫隙，不知為何，我有了天涯遊子的感傷。秋風襲來，彷彿聽見颯颯撕裂的聲音，我凝神細看，窗外的美人樹竟正瘋狂的掉著葉子。我愣住了，只見大把大把的落葉和著花瓣，乘著風的氣勢迴旋飛舞，最後輕輕落回土中，好一場完美的謝幕！

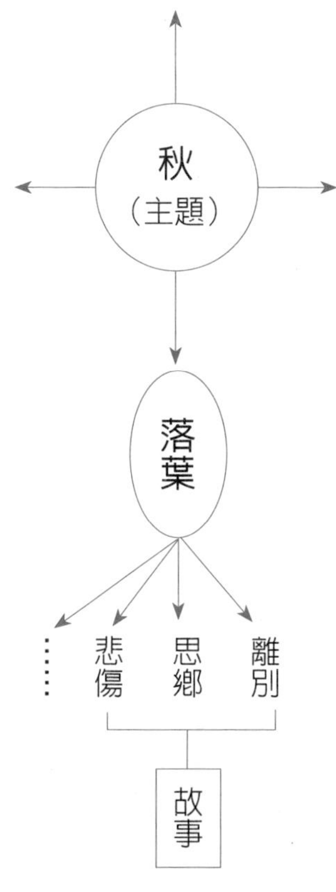

㈢由深而高：思考的高度

高明的登山者能掌握全局，發現事物，從大自然體會深刻的道理，這就是具有高度。作文的結尾蘊含了意義，便可展現作者的思想層次，提升文章價值。依照性質的不同，可分為淺層、中層、高層：

1. **淺層**

這類結尾最基本、最容易寫，只要總結前文或以自己為中心，寫出感想、結局、懷念、希望或呼應開頭，重點是分享自我，如「我愛秋天，也愛秋天浪漫的美」，或「楓葉的飄落，表示秋天終於來臨」。

2. **中層**

這類結尾從自己往外擴及他人，寫出勸勉、祝福、期勉或讚美，強調主題的重要，如「讓我們到大自然去，感受秋天的溫暖和幸福」，或「祝福你有個豐收的秋天」。

3. **高層**

這類結尾力求提高文章的價值，著重自己對人生哲理的體悟，從大自然或人物、事物得到啟示，或談受到什麼影響而獲得智慧，使讀者也能有所收穫。如：

陽光減弱了，溫度漸漸的轉寒，美人樹只剩下零零落落的葉子，求學的日子彷彿被秋風輕輕的吹過，了無痕跡。遊子猶如枝上的葉，隨風飄零；秋風裡的我，不由得感悟到人生也有如落葉，從繁榮、飄落，到化為泥土，只是一個自然的過程。在秋天，我看到的不是蕭條，也不是感傷，反倒是一份安穩與坦然。

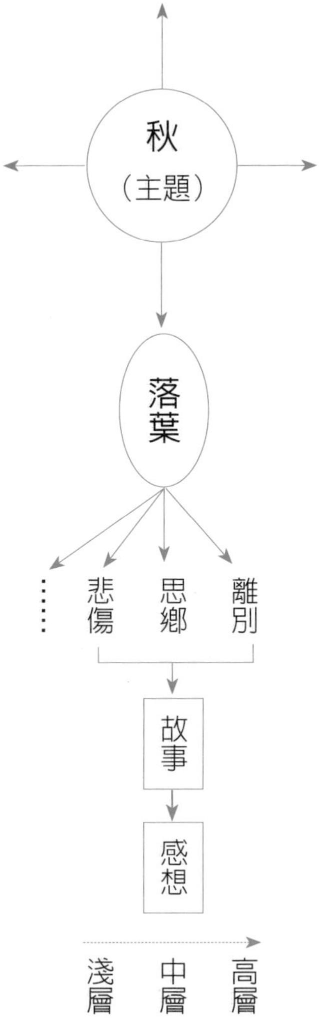

秋（主題）

落葉

離別　思鄉　悲傷　……

故事

感想

高層　中層　淺層

(四)練習一下！

作文題目：夏天

1. **決定主題**：夏
2. **水平聯想**：陽光、汗水、運動、刨冰、沙灘、泳圈、陽傘、墨鏡、冷氣、沙漠、短袖、大樹、紅色、防晒油、蒸籠、香蕉船、泳池、熱氣、扇子、蟬、冰品、西瓜、荷花、蜻蜓、青春、涼爽、淺藍灰、清水綠、小溪、爬山、暑假、午後雷陣雨、露營、釣魚、日光浴、海洋、鬼月、潮溼、夜遊、冷泉、颱風、基測、……

3. **撰寫開頭**：

太陽有如火般在人的頭頂燃燒著，整座臺北城猶如蒸籠裡的包子，幾乎快被煮熟了，尤其是在正午時分，天空看不見一絲雲彩，清清朗朗的像張藍灰色的紙。鳥兒在瞌睡，風懶懶的，連雲都變得熱熱的，每一個夏日的到來我總在期盼，這燥熱的氣息能帶來些許青春的活力。

4. **選擇材料**：青春

5. **垂直聯想**：活潑、開朗、悲傷、易逝、快樂、積極、不成熟、勇敢、挑戰、短暫、熱情、戀愛、自由、爬山、衝浪、夜遊、燃燒……

6. **撰寫發展**：

夏天展現的活潑、開朗與熱情，正是青春的寫照，那些與青春有關的夢，與青春有關的故事，好像都是和夏天一起。也許，青春本身代表的就是夏天，是生命中的夏天，在這個時期，我們擁有花樣的年華、充沛的精力和靈活的頭腦，我們是勇敢的，願意接受人生的挑戰，我們在生命的夏天擁抱青春，自由自在的迎接盛夏。

7.寫個故事：

在夏天，能讓我盡情展現青春的活動，就是衝浪。我會跟著爸爸到福隆海水浴場，享受乘風破浪的快感。當我乘著浪板越過隆起的浪頭，那種駕馭狂野巨浪、無拘無束的感覺，是無可言喻的；有時一道巨浪打來，等浪頭過了，我卻失去平衡栽到水裡，只好再來一次。於是我在反覆的練習中學會了技巧，到後來，我能看準每段浪之間最弱的時間，順勢滑水加速，在達到波頂時，瞬間踩板而立，靠著雙腳的移動和身體的俯仰，在浪裡自由來去，輕鬆駕馭浪板與大海融合在一起。

8.呈現高度：

夏天炎熱卻充滿活力，我在夏天體會青春的喜悅，勇敢的面對挑戰；透過夏日的衝浪，我學會了克服困難，從困難中找到方法，讓青春的生命留下難忘的回憶。我體會到挫折像是海上的風浪，風浪越大，衝浪者的表演就越精采。讓我們都成為勇敢的衝浪者，珍惜自己的青春，勇往直前，那快樂而充滿生命力的盛夏，就會在成功的彼岸等待著我們。

小結

「會當凌絕頂，一覽眾山小」，杜甫登泰山望嶽，飽覽群山峻嶺，心胸為之蕩滌，文章便呈現豐厚開朗之感。同學作文時，也要具有貼近生活的「近視」和縱觀全局的「遠視」，以三維思考宏觀文章的結構，多角度觀察事物的整體，得出全面的資料後，再進行寫作。這是很有效率的方式，提供同學們參考。

當我們能跳脫直線式的思考慣性，在立體空間馳騁飛躍的思緒，就能迅速的循線解題。只要以清晰的思考和空間邏輯去構思創作，你將盡情的遨遊在文字的立體國度。

三、會考作文的金三角——描寫、論證、修辭

描寫、論證和修辭是會考作文的「金三角」，是決定一篇作文的外在美和內在美的重要部分。

描寫可以突出事物的形象，記敘文、抒情文都常用到描寫技巧；議論文雖以說理為主，但如果是寫從事物中獲得啟示的文章，也需要用到描寫。

論證讓文章有邏輯的敘述，能有條理的表達作者思想，這樣的訓練用在所有文體上，都能幫助文章順利的鋪陳。

修辭則像五彩繽紛的包裝紙，能包裝你書寫的文字，使文字不會平淡無味，而是耐人尋味，像張愛玲的文字幾乎可當作藝術品來欣賞。

以上的「金三角」在會考作文中，就是屬於評分規準的「結構

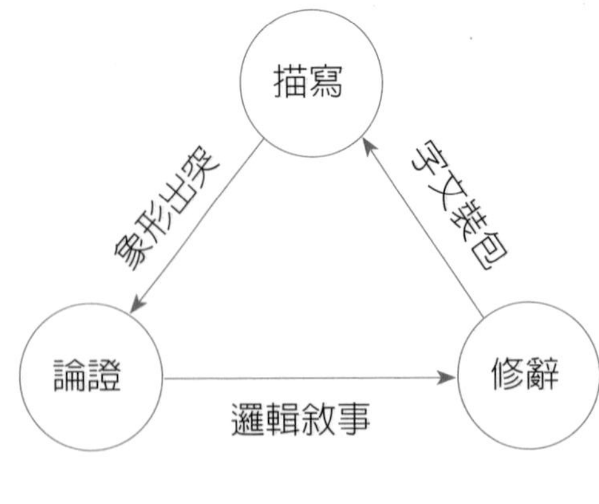

組織」和「遣詞造句」，也是決定一篇文章是否有可看性、有邏輯性、能否躍上六級分的關鍵。

所謂「結構組織」，是指文章結構完整、段落分明，內容前後連貫；「遣詞造句」，是指能夠精確地使用語詞，有效的運用各種句型，展現出人意表的創意。但是多數同學找不到自我訓練的方法，在考試時就毫無技巧可言。

通常同學還沒開始鍛鍊辭藻前，都有文字太過樸實平淡、文章思想意義不足的問題，因為平日缺乏鍊字鍛句以及邏輯思考的訓練，以至於無法培養文字的美感，或是只能零散的表達想法，使文章在眾多考卷中，無法建立獨樹一格的特色。

此外，也有許多同學對於文章開頭、段落和結尾的方法，認識不夠，只會運用呆板的破題法和感想法，在段落中舉一個普通的例子，就草草結束文章。這些作品幾乎千篇一律，看不到新穎的創意。

其實寫作文的方法有很多，絕對不只於破題法、感想法和舉例法，即使是舉例，也有各種不同的方式，例子也有許多種類型，如果我們只知道其中一招兩式，就妄想闖蕩江湖，是很冒險的，也沒有必要。

我們應該對各種寫作技巧有基本認識，並且積極練習，到最後，這許多招式都會有如涓涓細流，匯聚成廣闊的大海，成為你在考場上能信手拈來的靈感。

本書將針對描寫、論證和修辭的方法，進行說明和舉例，輔以小祕訣加強同學的記憶，並有詳細的範文和「詩佳老師說作文」的解析，同時也提供多種作文的開頭、段落和結尾的方法，設計各種組合的巧妙搭配，幫助同學寫出文字優美、內容充實、結構完整、變化豐富的作文，快速獲得會考作文六級分！

貳

描寫篇

一、描寫的含意
二、描寫的要領
三、描寫的種類
　㈠白描　㈡細描
　㈢直接描寫　㈣間接描寫
　㈤主觀描寫　㈥客觀描寫
　㈦象徵描寫　㈧對比描寫
　㈨聯想描寫　㈩夢境描寫
　⑪感官摹寫　⑫場面描寫
四、結語

夏洛可的調查

在一個寒冷的夜晚，史瓦布在街上散步，看到一隻狗從街角閃出，他感到好奇，靠近一看，只見這隻狗的背上正流著血，情緒很煩躁不安，發出「嗚嗚」的喉音。他決定帶牠去尋找主人。

這條狗把史瓦布帶到第一大街七〇號，只見這戶人家的籬笆門大開，兩扇門在風中碰碰作響。他就著昏暗的燈光，隱約看到一個金髮女子躺在門口，他覺得很害怕，身體不由自主地抖起來，連忙打電話報警。警探夏洛可在十分鐘內就趕到現場。

夏洛可首先觀察現場：客廳天花板掛著華麗的水晶吊燈，窗戶搭配了浪漫的蕾絲窗簾，牆上的彩花壁紙和整排陳列的精緻瓷器，都是維多利亞風格，顯示屋主的性格傳統、舉止優雅。他在壁爐邊發現一隻沾血的白棉手套，小指的部分已經燒毀，透出微焦的氣味；他又俯身細細端詳被害人，女子的表情平靜，如果不是咽喉上的傷，看來就像熟睡的模樣，身旁有數滴水滴狀血跡，讓人想到暴力美學導演昆汀．塔倫提諾的鏡頭中，殘酷又美麗的景象。

在被害者背後，鑑識員採集到一組模糊的淡白色鞋印，身邊還有一隻染血的襪子，襪子兩側的血跡形狀是一樣的，又在客廳的垃圾桶發現一把十五公分長而窄的刀，但是沒有血跡。

警探夏洛可從犯罪現場的建築風格和內部裝潢，推測屋主的身分地位，並且對現場的血跡顏色和形狀，對證物的血襪、鞋印、刀子，都有細膩的觀察；又用視覺、聽覺、嗅覺等感官知覺和聯想，獲得與案情相關的訊息。當人藉由對外在事物的觀察和感知，在腦中留下印象後，具體的描述出眼前所見，呈現事物的特點，這就是「描寫」。

一、描寫的含意

描寫，就是描繪和摹寫，是把人物、事件、環境和特徵刻畫出來的一種表達方式。神探李昌鈺先生每次在犯罪現場，腦中就會產生畫面，透過想像和細膩的觀察，使他能夠成功破案，描寫之前的觀察，就是有著類似的作用。

描寫和敘述不同。敘述著重對事物的交代和介紹，像「去除角質，才會擁有好膚質」；而描寫重視刻畫和描摹，著重反映特徵，讓事物產生形象、色彩和聲音，如「我每天只睡一個小時，皮膚依然光滑潤澤、白皙動人」。

描寫需要有如神探般的觀察力和想像力，才能將筆觸擴及細微而不易觀察的地方，同時透過聯想，將眼睛所見的事物與心中的想像結合，用比喻與形容化為文字書寫出來。

描寫和辦案一樣都很重視真實，學會了描寫技巧，就能使筆下的人、事、物具有鮮明的形象，讓讀者如聞其聲，如見其人，栩栩如生，傳神生動。

描寫的對象，包括萬千世界的各種物體、人物、情狀、行動、事件的特徵，以及這些事物所引發的感官感受；而這些事物或感受的「整體」或「局部」，都可以是描寫的範圍，所有文體都需要使用描寫技巧。

二、描寫的要領

描寫前，同學如果可以掌握幾項要領，就能使技巧得到充分的發揮。首先是仔細觀察，掌握事物的特徵，其次用文字將特徵具體的描繪出來，加上戲劇性的生動描述，以達到「創新」的目的。

事物特徵
↓
具體化＋戲劇性
↓
新穎創新

1. **找出特徵**：嘗試用不同的角度，去觀察和體驗事物，再以對照的方式，區分相似事物或不同事物之間的差別。例如我們先觀察蘋果的外形和表皮，咬一口，體驗蘋果的滋味，再辨別這個蘋果和其他水果的不同點，或是青蘋果與紅蘋果的差異，就能找出兩者的特徵。
2. **具體描繪**：透過具體的文字描述，將事物的特徵完整呈現。如果描述這隻貓「很美」，但沒有具體的描繪，就無法讓人產生「美」的印象。只有透過對貓的毛色、眼睛、形體的描述，才能突顯出特色，如：「這隻貓美極了！棕黃的毛皮光滑潤澤，全身布滿褐色的虎紋，腳上白色的毛，與虎紋呈現強烈的對比，更吸引人的，是那玻璃彈珠般的雙眼，正對著我投以深情的凝視。」從具體的外在，深入抽象的內在情感，讓讀者對貓有完整的認識。

3. **戲劇安排**：將對話、表情、動作等，透過戲劇性的描述，帶著誇張的表演成分，會使情節內容更生動。如形容爸爸激動的模樣：「爸爸氣得吹鬍子瞪眼，幾乎要腦溢血似的，臉漲得通紅，手指著電視不由自主的顫抖。不久，忽然聽見爸爸一聲悶哼：『又輸球了！』我用手緊緊的握住嘴巴，不敢笑出聲來。」只要加上戲劇化的安排，就能製造令人印象深刻的效果。

4. **新穎創新**：一般人形容美女多用「沉魚落雁」、「明眸皓齒」，形容男性則不外乎「風度翩翩」、「英俊挺拔」，雖然可以表現你運用成語的能力，但事物的形象卻是模糊的，也落入了俗套。如果改成：「在她微翹的紅唇底下，皓潔的白牙更顯得明媚動人，『沉魚落雁』實在不足以形容於萬一。」換個說法，就能使陳腔濫調以新穎的姿態重生。

三、描寫的種類

用心的描寫，絕對勝過輕描淡寫！許多閱卷老師常發現同學忽略描寫的重要，使得作文的人、事、物平板而不立體，模糊而不鮮明，即使文意表達尚稱清楚，但還是無法獲得閱卷老師的青睞。

其實，只要同學熟悉描寫技巧，精確的掌握寫作祕訣，勤加練習，就可以將事物刻畫得真實動人，在眾多平凡的試卷當中脫穎而出。

描寫必須善加運用各種方法，不像我們平常拿著傻瓜相機，只要輕輕一按，就能將事物的形貌呈現出來。描寫有許多簡單但巧妙的原則可循，也由於技巧多樣，同學可以自由的選擇使用，但是在描寫之前，要先認識幾種觀察的方法。

首先確定你的「觀察點」，因為隨著距離和角度的變化，事物會產生不同的形象與感受。警探夏洛可就是固定在一個位置，向屋子的前後、左右、上下觀望，並透過走路在移動中觀察屋外血跡，來判斷凶手的行經路線。

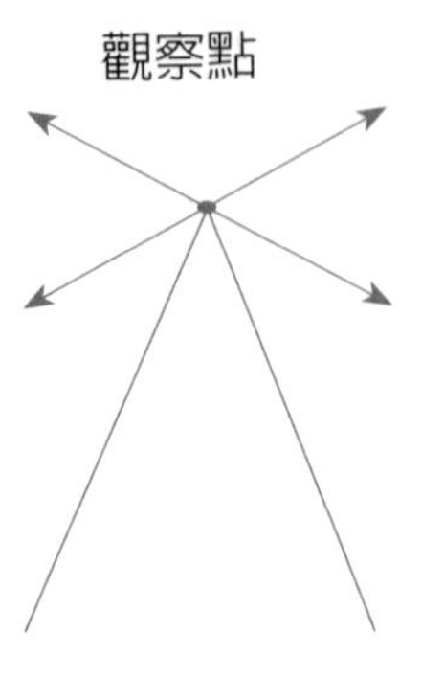

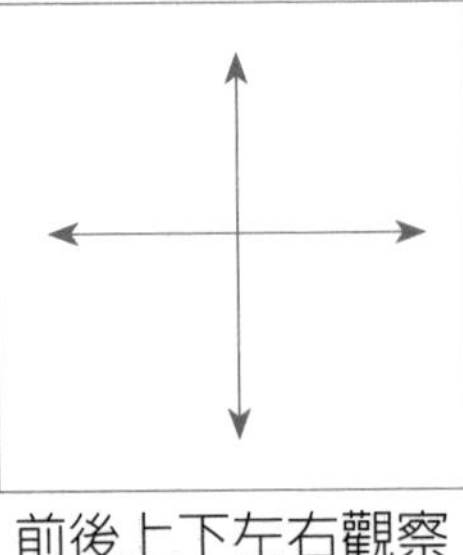
前後上下左右觀察

其次是確定描寫的「順序」，在選定的空間按照由左至右、由右至左，由上至下、由下至上，由遠至近、由近至遠的順序；或依時間的次序由先而後，或按部位由整體至局部來描寫。如果警探在犯罪現場依照這些順序觀察一次，就可以避免毫無秩序的凌亂，也能避免遺漏任何可疑的地方。

由左到右觀察

由右到左觀察

本章將作文常用的描寫，分為白描、細描、直接描寫、間接描寫、主觀描寫、客觀描寫、象徵描寫、對比描寫、聯想描寫、夢境描寫、感官摹寫、場面描寫等十二種，為同學詳細的介紹。

(一)白描

小祕訣

勾勒輪廓

依照描寫的詳略，可分為白描和細描。

白描原本是水墨畫的藝術語言，以簡潔而概括的線條，來表達物體的形象特徵，而且不只是寫形，還要「形神兼備」，用簡單的幾個線條，畫出特徵及表現神態。像故宮典藏的《元人畫聽琴圖》就是用白描畫法，用線條勾勒人、事、物的輪廓，不論是高桐蔭竹或文人貓兒，皆呈現典雅素樸的感覺。這就是白描的美感。

白描又叫做「概括描寫」，用在寫作上，只要簡單的敘述事物的輪廓，使讀者有初步的印象即可，不需要任何的雕飾，也不用典故，描述形容事物的方式相當的簡練，是一種簡約的風格。

這種描寫方式隨著作者關注的焦點，大刀闊斧的勾勒描寫對象的特徵，文字表現比較樸素而簡潔，不用太多的辭彙修飾。雖然沒有華麗的裝飾，卻能寫出清新、淡雅的美感來，往往能夠營造出幽遠的意境。

題目：鐵道風景

說明：臺灣鐵路遍布全國，因為地理形勢多變，從北到南，有平溪線、內灣線、集集線、阿里山線……，沿路的風光不但迷人，而且變化多端。你曾經尋訪過臺灣的鐵道風景嗎？請寫出你的所見所聞和感受。

（會考模擬試題）

滿竹自行車道歷經兩年的修建，終於在今天正式啟用，林務局和竹崎鄉公所特別舉辦「單車尬火車」的活動，我們全家也一起共襄盛舉。從興建於日治時代的鹿麻產車站出發，騎單車循著鐵路沿線追逐森林小火車，沿途除了有森林鐵路景觀，還有綠意盎然的田野風光，更引人注目的是阿里山知名的吉野櫻。

阿里山鐵路兩旁綻放的吉野櫻花，是最能吸引遊客駐足欣賞的「嬌點」。由於今年的氣候偏寒，雖然已經三月底，但櫻花仍僅開了三分。花朵還沒全開，綠葉已先抽出，因此有的還在開花階段，有的卻已經長滿綠葉，沿路零星的只有一、兩棵櫻花樹綻放。當我繼續往前騎了一段路，才看見有櫻花樹全株綻放。

以前，我十分羨慕坐在火車裡面的旅客，能悠閒舒適的欣賞這片風光；現在，我成為火車內的乘客羨慕的對象。當我騎著單車奔馳在筆直的自行車道，跟著火車穿入古早伐木的時光隧道，穿越歷史歲月的虛幻，經過悠悠含苞待放的櫻花樹時，我有一種夸父逐日的暢快淋漓。

平常我們全家就愛騎自行車，享受風馳電掣的感覺，今天我們選擇在滿竹自行車道，還可以體驗逐車之樂，與平日在都市騎車必須留意閃避車輛、行人的感覺，完全不同。經過這次特殊的體驗，我想，不論過了多久，阿里山的鐵道風景依然會清晰的留駐在我的腦海中。

詩佳老師說作文

1. **審題**：題目是「鐵道風景」，從風景二字就知道文體應採用記敘文；「鐵道」就是鐵路，要求寫出鐵路沿線的景色，同學在作文時，要先選擇想寫的鐵路。寫作內容可以專門寫景，也可以將鐵路、車站和火車的特色寫進去，或是加上所見到的遊客。如果將題目的交通工具換成高鐵、捷運、纜車，寫作方式也是如此。

2. **開頭**：本文開頭使用原因法，是從事情的原因寫起，在文章開始，就把寫作的動機、目的，或事情發生的原因交代清楚。主角說明來到阿里山鐵路，目的是為了參與政府舉辦的「單車尬火車」活動，順便欣賞難得一見的鐵道風景。

3. **段落**：中間段落使用寫景法，配合作文主旨純粹寫景，按照景物的型態、顏色、聲音和空間次序，具體的描寫。主角運用白描技巧來寫景，描寫阿里山鐵路兩旁的櫻花風景，然而只針對「花開」的狀況做概略的勾勒，對於花朵的顏色和姿態等細節，就予以忽略。

4. **結尾**：最後使用感想法，在敘述完沿途所見之後，寫出心情感受或想法，是一般作文結尾最常使用的方式。主角將平日在市區騎車運動的感受，和在阿里山騎車加以比較，並提出自己的想法。

結構：原因法 → 寫景法 + 白描 → 感想法

(二)細描

小祕訣

細細雕琢

細描原本也是中國畫技的名稱，屬於工整細緻的畫法，風格巧密而精細，稱作「工筆」。國畫大師張大千擅長潑墨畫，將潑墨用來營造大山、大水，又能細緻的運用工筆，將物體畫得非常細膩，讓潑墨畫成為細膩與粗略的巧妙結合。

在寫作上，我們則是透過大量絢麗的文字、優美的辭藻與形容，將事物精雕細琢的描述出來，首先要掌握事物的特徵，再全面具體的對事物進行描繪。不同於白描的大刀闊斧，細描有如針線般綿綿密縫，將事物的每個特點都顧及，每個針腳均處理得宜，以細膩的文字，將描寫對象描繪得栩栩如生。

由於面面俱到，這種描寫能為事物提供較多的資訊，所以能給讀者更大的想像空間，使人容易在腦中產生畫面，加深印象，而有身歷其境、親眼目睹之感。

同學要注意，細描除了將事物的外在描繪出來，還要深入事物內在的本質或情感，才能內外兼顧，完整的呈現事物的面貌。

題目：校園最美的角落

說明：在小小的校園中，有許多新奇美好的事物，等著我們去挖掘。不管是校園的建築特色、歷史文化還是自然生態，那奧妙的大自然，生活的樂趣，俯拾皆是。對於生活了三年的校園，你是否探訪過每個角落？請選擇你認為最美的角落加以描述，並抒發對校園的情感。

（會考模擬試題）

再寬闊的操場、再大的禮堂，都無法吸引我離開這個溫馨的校園。學校的建築雖然老舊，灰白的粉牆彷彿在訴說那滄涼的歷史，然而它始終是我最愛的地方，因為這地方深藏著一方小小天堂，那個我心中認為最美的角落。

校園最美的角落是操場旁邊的階梯，這排階梯正面對著操場，背面對著教學大樓，一共只有十級，但是每一級的距離卻相當高，往上走的時候，必須邁開大步跨出，女生如果穿著裙子就必須拉起裙角來走；走下來時十分的危險，如果想要一步一階，可能不小心就會從階梯上摔下來，所以我每次都是小心翼翼的。

雖然如此，我仍深愛這個角落，它那米白的石子材質，坐起來相當冰涼。開心時，我會和同學拿著口琴，或坐或站，在階梯上吹奏我們自己編寫的歌；寂寞時，我會獨自坐在階梯，凝望著操場上活動的人；傷心時，我則會在階梯來來回回的撿拾落葉，觀察葉子微微翹起有如燕尾的形狀和清晰的脈絡，選出最美的那片，夾在書裡，不知不覺，悲傷的情緒就逐漸淡去。我的喜怒哀樂都共存在這小小的天堂裡。

我心中最美的角落也許並不起眼，甚至可說是個「危險」的角落，卻陪伴我走過三年有苦有樂的校園生活，我在這裡成長，哭過、笑過。如今我將離開這個校園，展開全新的生活，也將擁有新的角落，然而這個平凡的階梯，卻在我心中留下永難忘懷的記憶。

詩佳老師說作文

1. **審題**：題目是「校園最美的角落」，範圍便限制在校園內，而且只選擇「一個」角落作為對象來書寫，如果寫到學校以外的地方，就屬於離題。美，除了表現在外表，也有內在的美，但是內在美不像外在那樣容易辨認，必須輔以特殊的事件、感受，才能凸顯它的價值。

2. **開頭**：本文一開始用反起法，先從主題的「反面」開始寫起，然後再拉回正面寫到主題。這種用反面襯托的效果，會形成強烈的對照，使得主題更加鮮明，令人印象深刻。主角先說自己的學校又小、又老舊，似乎毫無美麗之處，隨後點出學校的某個角落對他而言是個天堂，校園也因而美麗起來。

3. **段落**：中間段落使用列舉法，寫出幾樣所要敘述的事物，這些事物應該有些關聯並且切合主題，但是順序則可以任憑作者的主觀想法來更動。主角細膩的寫出階梯種種不方便之處，隨後描寫階梯的顏色、材質、觸感，和葉子的形狀、脈絡，對主角行動的描寫也很細緻。

4. **結尾**：結尾採用的是懷念法，藉著對主題中的人、事、景、物的回憶，抒發想念的心情，能使結尾產生餘韻不絕的效果。主角才剛畢業離開校園，即將步入高中生活，擁有新的學校和角落，但是過去曾有的那些喜怒哀樂，卻使得這道階梯不會顯得平凡，反而十分令人難忘。

結構：反起法→列舉法＋細描→懷念法

㈢直接描寫

小祕訣

正面呈現

當同學決定描寫的詳略後，就可以決定作文要描寫的角度。從作文切入的角度來分，可以分為直接描寫和間接描寫。

直接描寫又稱為「正面描寫」，是開門見山的從正面直接描繪事物形象，不需要透過其他媒介，就可以使事物的形象一目了然。好比我們從家中推開門窗，外面的車子、行人、路樹等等，都能立刻盡收眼底，一眼就能看見事物的模樣。

宋人嚴羽在他的《滄浪詩話》中評論各詩人的作品，說到李白時寫道：「太白發句，謂之開門見山。」意思是李白因為個性豪放，所寫的詩常是一開頭就切入主題。「開門見山」字面的意思，就是打開門就看見峻秀的青山，也可用來形容風景優美。

因為推開門就能看到對門的山，所以後來引申出「直截了當」的意思，多被用來比喻說話或寫文章直截了當，一開始就進入正題。直接描寫就是直截了當的將所見的事物描寫出來。

這樣的描寫方式比較具體、確切和實在，讀者閱讀的時候不需要多作猜測。作者描寫時，只要專注於主要事物的描繪即可，其他瑣碎的事物，就不是描寫的焦點了。

題目：春天

說明：春是一年的起始，萬物將冬季蘊藏的能量在春天付諸實行，又象徵新生與希望，人們在春天用全新的自己和滿載的勇氣，面對未來的挑戰。請你從生活中取材，描寫春天的季節特色和對春的感受。

（會考模擬試題）

星期六的早晨天色昏暗，我進入捷運站時，看到地下街的廣告燈箱寫著：「看見春天了嗎？」真是個充滿懷疑色彩的口號。相信有不少經過的乘客都會覺得春天不遠，但事實上，春天卻是姍姍來遲，也許只有我認同廣告上的疑問句。

開學已經兩個禮拜了，天氣仍舊十分寒冷，溫度在白天和夜晚的差異是那麼大。在白天，可以見到晶瑩的露珠在綠葉上滾動的姿態，燦爛的陽光也足以溶化冰雪。可是一到夜晚，溫度就迅速下降，柔軟的露珠凝結成霜，人人都躲在家裡足不出戶。雲則永遠是攝影的最佳背景，它的面貌隨著風動有許多變化，等到真正的春天來臨，又是不同的模樣。

馬路兩旁的花圃百花爭放，紅的、白的、桃的、紫的，還有綠葉在爭妍，樹下卻兀自散落一地的枯葉和碎花，凋零與欣榮的景象同時展現在人們面前。氣候漸漸和暖，來得及換裝的人早已穿上單薄的衣裳，而來不及的人仍舊穿著厚重的外套，一時之間，粉白黛綠的春裝和咖啡深灰的冬衣並行在街道上，這特別的時尚演出，給人時空季節錯亂的感覺。

然而從今晨開始，霧散開了，天空也晴朗了，那大塊大塊的烏雲化作片片白色的小雲朵。我坐在前往淡水的捷運車上，看見綠葉身後的太陽，看見孩子快樂的在街道來回奔跑，花朵和人們已然全部換上新裝，這才真正感受到大地回春的訊息，春天終於來了！

詩佳老師說作文

1. **審題**：題目是「春天」，寫作重點在描寫季節的特色，包括春天的人、事、物，都可以是書寫的範圍。同學可從春天的時序來構思：春天來臨前、來臨時，或是春天即將過去之際，景物都會隨著不同的時間，而有不同的變化，這些細微的觀察，都能使作文加分不少。
2. **開頭**：本文開頭使用時間法，從事情發生的時間寫起，包括年、月、日或早、午、晚。按照事情發生的順序，從起點開始寫，拉開文章的序幕，讓讀者容易進入情境。主角從星期六的早晨開始，敘述搭乘捷運時觀察春天的所見。
3. **段落**：中間的段落用對比法，讓兩個不同或對立的事物能夠得到比較，例如黑與白、強與弱，從比較中突顯各自的特點。這裡直接描寫主角在春天所見的各種景象，以日夜的溫度、露珠的變化作為對照，更可具體道出日夜溫差極大的季節特色，又描寫從冬天過渡到春天時，路上所見的景象，給人強烈的印象。

4. **結尾**：最後結尾使用呼應法，也就是前後呼應法，是在文章結束時，讓結尾的文意與開頭或主旨相呼應，可以使作文的頭尾意義連貫，形成一個完整的圓。將敘述拉回到主角搭乘捷運，時間已從進入捷運站而至前往淡水的途中了，主角終於感受到春天的來臨。

結構：時間法 → 對比法 ＋ 直接描寫 → 呼應法

(四) 間接描寫

小祕訣

側面比較

間接描寫又稱為「側面描寫」，是用暗示、襯托等手法，旁敲側擊的透過對其他人物、景物、事物的描寫，來突顯主要描寫對象的特點，使讀者能從不同的角度去認識事物。就如我們讚美他人的穿著，與其直露的說：「衣服穿得很好看！」不如從他的襯衫、外衣、領帶等來讚美，會更加具體。

間接描寫的風格比較含蓄，讓人可以自由的馳騁想像，所以同學在描寫的時候，可以同時使用多種描寫，將直接描寫和間接描寫結合起來，從正面和側面多角度書寫，就能將事物完整的呈現出來。

描寫的方法有許多種，例如透過次要人物的言語、行為，或人物彼此的衝突、互動，來突顯主要人物的形象，像《三國演義》的孔明和張飛剛認識時的衝突場面，可見二人的性格不同；也可以利用和主角同類或相反的人物，來襯托主角，如《西遊記》的孫悟空和豬八戒，一個精明、一個懶笨。

此外，也可以借助其他景物當作背景，來襯托主要景物，如果我們要描寫一〇一大樓，就可以描寫它旁邊建築物的高度，來襯托一〇一大樓的雄偉。

題目：影響我最深的人

說明：人的一生總會遇到許多不同的人，有些可能只是你生命的過客，有些人卻能給你深遠的影響，他的一句話、一個決定，或是與你的一份相處，無形中影響了你的人生。請寫出影響你最深的那個人，描述事情的原因和經過。

（會考模擬試題）

低沉而充滿磁性的嗓音，在白色的教室裡迴盪。講臺上，他沉著凝練的姿態如嶽峙淵渟，又帶著難以言說的個人風格，靈動且含蓄的呈現精采的課程內容。講臺下，無數的學生翹首傾聽，時而因他幽默的話語捧腹大笑，時而振筆疾書，唯恐錯過他講的一句話。人們喜歡他的坦誠，他的風趣，喜歡他講課的那股力道，他是至今影響我最深的人，是我人生的導師，也是我的父親——一位英文老師。

有一次，我到父親的課堂上旁聽，只見他講課不到一分鐘，就融入情境，彷彿全身每個細胞和能量都躍動起來，不但自己全神投入，也能抓住學生聆聽的專注力。一堂兩個小時的課，他既解決了學生在學習英文遇到的問題，也為學生釐清了解決問題的思路，又能博古通今、旁徵博引，利用語言的互通性，從中文啟發出學習英文的辦法，為他贏得了「英文老師的老師」的美名。

在我的眼裡，工作中的父親有點「痴」，一寫起文章，就緊閉著脣不言不語，埋首案前，旁若無人。父親常說，身為老師必須時常更新教材，勤於蒐集資料，自己能跟得上時代，才能帶給學生新的資訊，所以工作到半夜一、二點是常有的事。有回，我半夜起床喝水，見到門縫中透出來燈光，就知道父親正在熬夜寫文章，過幾天新文章被刊出了，他興奮的和我分享，然後告訴我他是如何構思的，令我獲益良多。

由於父親的影響，從小我就立志要成為一位老師。假使我的志願真的實現了，那麼我一定要將功勞歸諸於他，也會和父親同樣秉持著對工作「知之」而且「好之、樂之」的精神。父親對教學的熱誠有如火炬，燃燒起來就無法熄滅，點亮了我，也照亮了無數的他的學生。

詩佳老師說作文

1. **審題**：題目是「影響我最深的人」，重點在寫出這個人的言行，他帶給你什麼言教和身教？從這個人的身上學到什麼？如何影響你的人生？同學對這個人應該要有深刻的觀察，讓讀者覺得平凡無奇的小事，也能有無限的影響力，就是文章成功的關鍵。

2. **開頭**：本文開頭運用寫人法，從人物的對話、動作、個性、情感、思想等，開始寫起，描述的是日常生活熟悉的言行，所以寫起來令人格外親切。主角寫出父親講課的姿態、聲音、幽默的風格，以及學生聆聽的反應，襯托父親的老師風範。

3. **段落**：中間段落用故事法，又稱實例故事法，在敘述事件時採用故事或實例，不論選擇哪種材料，都以「說故事」的方式來表達，可使讀者更容易融入情境。主角以去父親的課堂旁聽，和半夜發現父親熬夜寫文章等兩則小故事，雖沒有直接說出父親的影響，但間接表現父親的專業和執著，也成為對主角的言教和身教。

4. **結尾**：最後結尾用讚美法，針對文章主要的人、事、景、物，根據事實加以讚美或歌頌，也可以作為作文開頭的方法，在主題是寫人的時候最好發揮。主角在父親的耳濡目染下，立志成為教師，並讚美父親對工作的熱情有如火炬，影響了身邊的每一個人，也影響了主角的人生。

結構：寫人法→故事法＋間接描寫→讚美法

㈤主觀描寫

小祕訣

感性寫情

主觀和客觀，是作者觀察事物的兩種寫作態度，前者是以作者的感受為主，後者是以現實的狀況為主，可以視文章內容或體裁的需要來選擇。

主觀描寫有如詩人般感性的根據自己的感受，對事物作出判斷，而不要求必須符合實際狀況。王國維曾說主觀的詩人在創作時，對於外界的認識不是透過向外認識，而是往內心尋求，擁有敏銳的詩心，只要有一點觸動了他的心，就能自然擴充出意境，就像投石子入水，水波自然會向外擴散出去。

主觀描寫在描寫事物狀貌的過程中，因為摻入了作者帶著喜悅或悲傷、愉快或憂愁等主觀的思想情感，所以態度是感性的，文章往往充滿了情感的張力。

這種方法常被用在抒情文或記敘文，通常是寄情於景的寫法，多使用第一人稱來敘述，把情緒或意境傳神的表現出來，所以應採用情感色彩較豐富的形容詞來描寫。

題目：最緊張的時刻

說明：每個人都有緊張的時候，在不同的狀況下，可能因為陌生、因為膽量、因為不熟悉，而分外的緊張。緊張不盡然是負面的，有時也會成為一種提醒和動力。請回憶自己最緊張的一次經驗，並描述那時的感受。

（會考模擬試題）

我深深的一鞠躬，臺下的觀眾紛紛起立，鼓掌的聲音激盪了整個體育館，空氣裡蘊含著溫熱。當這股熱力慢慢退散，掌聲也漸漸止息，我只覺得視線逐漸模糊起來。這是一年一度的校內國語文演講比賽，我熱淚盈眶的謝幕鞠躬，轉身瀟灑退場。

從小，我就是個內向的孩子，只要遇到上臺說話的機會，一定是閃躲、逃跑，毫不遲疑的退縮。很不幸，在我六年級的時候，老師選我代表班上參加學校的即席演講比賽，令我留下了慘痛的記憶。記得當時我寫好講稿，站定在講臺上，準備開口，忽然門口出現一位男同學，只見他調皮的縮在評審老師的背後，擠眉弄眼，大作鬼臉，嚴重干擾原本就很緊張的我。

那時，我支支吾吾的說不出話來，剛剛寫好的講稿，忽然從記憶中被抽走，只剩下一片空白。為了掩飾緊張情緒而勉強擠出來的微笑，頓時凝結住了，彷彿被冬日的冷風凍僵似的，心頭直往下沉、下沉，直到墮入冰窖。手指的冷顫，從掌的那端傳入腦神經，一種惶惑的情緒湧上來，壓迫著我。我手足無措的站在臺上，這一剎那的空白，竟成為我有生以來最緊張的時刻。於是整個過程就在「不知所云」的情況下結束。走下臺，我感到沮喪至極。

那次失敗的經驗，竟激起我雪恥的勇氣，我開始自己勤練演說技巧，終於在國二那一年，以成功的演講贏得了比賽。人生總有許多挑戰，結果也許不是那麼完美，可能讓你飽受挫折與傷痛，但是這些經歷也讓人對自己多一份認識，對成長多一份啟迪。第一次的演講讓我終生難忘，它讓我克服了困難，戰勝了自我，勉勵我自己：下一次會更好！

詩佳老師說作文

1. **審題**：題目是「最緊張的時刻」，重點是描述在特定的時刻中，所產生的緊張情緒，所以對於情緒的轉折要多加描寫，同學可從情緒對生理的影響來思考，描寫緊張所引起的感官感受，運用譬喻和誇飾加以形容，可使抽象的情緒變得具體。

2. **開頭**：本文開頭用結果法，就是從事情的結果寫起，用的是倒敘寫法。文章一開始先將事情的結果說出來，然後才敘述事情的經過，可勾起人繼續閱讀的欲望。主角參加演講比賽，平常口才極好的她，卻因為同學惡作劇的鬼臉，而影響表現。

3. **段落**：中間段落使用心情法，以描述心情和情感的轉折、變動為主，精采之處就在於情緒的忽然揚起或急轉直下，能夠牽引讀者的情緒。主角上臺演講失敗，以她個人主觀的角度，用凝結的笑容、手指的冷顫、心頭的下沉等感官感受，描寫處在緊張時刻的情緒變化。

4. **結尾**：最後結尾用期勉法，以期望或勉勵自己和他人的話語，結束文章，也可以在這裡對他人提出建議。主角經過這次的失敗，便痛下決心勤練演說技巧，終於在另一次的比賽得到好成績，於是以自己的經驗來鼓勵別人。

結構：結果法→心情法＋主觀描寫→期勉法

(六)客觀描寫

小祕訣

理性描述

科學家必須客觀理性的觀察事物的本來面目，而不加上個人意見，才能正確的判斷實驗結果，不至於因為自己的一廂情願和偏見，而誤判實驗數據，這就是客觀的態度。像偵探小說中福爾摩斯經常批評助手華生，說他以小說的手法描寫破案過程，而不是客觀的呈現調查結果，會造成事實的扭曲。

在寫作上不摻入作者的思想情感，只是客觀具體的將描寫對象如實地呈現出來，就是客觀描寫。作者的寫作態度是理性的，重視實事求是，舉的例子也是有根據的事實。

這種寫法不但不至於呈現冷、硬的風格，有時候客觀的站在他人的角度設想，反而能藉此顯露筆下人物無以言喻的心情。

客觀描寫常被用在記敘文、議論文或科學性的文章當中，能客觀的再現事物的狀貌和特徵，多用第三人稱進行敘述。描寫時，著重理性的觀察，可以多用名詞及動詞，而少用帶有主觀判斷的形容詞。

題目：回家

說明：家，是令人留戀的地方，不只是一間屋子，更是心靈的避風港，我們每天在離家與回家之間，重複著日常生活作息。有人不想待在家中，只想離家追尋自由，也有人不得已離開了家，對家分外的留戀。請問，你對家的印象和回家的感受又是如何呢？

（會考模擬試題）

記得我獨自走在熟悉的街道，吹著風，哼著快樂的心情，踏著輕快的腳步回家。我總是喜歡四處觀望，雀躍的摘取路邊的花，紅色、黃色，貪心的全都採，想插在媽媽的青瓷花瓶裡。然而這樣熱切的想望，只能留存在夢中，現實世界的我和祖父母同住，老人家沙啞的嗓音、規律的作息、緩慢的行動，成了恰到好處的冷淡。家，對我來說，只是個不真實的所在。

祖父母的家，其實也是我的家，但我總是在自己家裡，想著回家。那座古老的時鐘，從爸爸年輕時就滴答、滴答一路走到現在，夜深的時候，淺色木頭會反射出溫暖的光。衣櫥裡那件媽媽穿過的陳舊的大衣，歷經歲月至少超過十年的風塵，是很好的呢子料，雖然年代久遠，依然能暖和的包覆我的身體。這一切，都讓我更想家。

即將升上國中時，某一天祖母對我說，爸媽的工作已經穩定，可以讓我回家了。我興奮的擦擦牆上的老時鐘，擁著舊大衣翩然起舞，終於要回家了！於是，我踏上曾經夢見的街道，哼著歌，走進僻靜的社區裡。順著坡道向上看，那一間間有如牛奶盒般潔白的房舍，分列在道路的兩旁；路上乾乾淨淨，把房舍襯托得更加方正齊整。家家戶戶都在院子前面築起了竹籬笆，上頭種滿紅色的杜鵑花，只見火紅的杜鵑花攀著籬笆，一路蜿蜒曲折地向上延燒。眼前這片野火燎原的斜坡，那火線的盡頭處、轉角的白色房屋，就是我久別的家。我的家，比我想像中的還美。

家的意義是什麼？是溫暖的所在，不是嗎？我心中真正的家，不是外在的那個屋子，也不是因為血緣關係而聚在一起的人們，而是對親情的渴盼。在我的心目中，父母親在的地方才是我的家，家的溫暖、踏實和安穩，任何地方都比不上。

詩佳老師說作文

1. **審題**：題目是「回家」，著重描述回家的心情。同學可先從離家的原因開始思考，敘述離家後的經歷和離家期間的感受，等到再回家時，心境上必然與離家之前有所不同，因此可描述心中的家和親眼所見的家，究竟有什麼不一樣，也可以抒發想家的心情，為自己的家賦予意義。

2. **開頭**：用回憶法，以回憶的方式，追述事情或抒發情感。主角小時候因為父母工作忙碌而離家，和祖父母一起生活，常假想自己回到父母家的心情；而現實中祖父母的家，有隔代教養產生的代溝，讓家成為冷淡、疏離的地方。

3. **段落**：中間用的是寫景法，先主觀描寫祖父母的家，寫出與主角的父母相關的事物，摻入主角的感受，再客觀描摹主角回家時所見的景物，描述房子、道路、杜鵑、籬笆的外觀，真實呈現居住社區的樣貌，雖然不帶有任何心情的抒發，卻更讓人沉浸在熱切深刻的想念。

4. **結尾**：最後使用問答法，以一句疑問的話來結束文章。設問法分為只問不答的反問法，和自問自答的問答法。主角先問家的意義是什麼？然後自答有父母親的地方才是家，表現出對家庭和天倫的渴望。

結構：回憶法 → 寫景法 ＋ 主觀描寫 ＋ 客觀描寫 → 問答法

(七)象徵描寫

含蓄蘊藉

間接描寫，是藉由對其他事物的描寫，以突顯主題。這裡介紹的象徵和對比，雖然也屬於間接的描寫方式，但方法是以事物的意義來作為象徵，或將兩個事物拿來對照，以突顯主題。

象徵是借用有形具體的事物，來表現無形抽象的觀念。當我們要表達某種抽象的觀念、情感與看不見的事物時，不直接描述，而是透過另一種意義相近的事物當媒介，用間接的方式來傳達，讓讀者體悟到事物背後所蘊涵的哲理情思，也就是「弦外之音」。

同學要注意事物和象徵意義之間的關聯，必須相似或相近，並選擇切合主題的象徵物作為媒介，如蓮花出汙泥而不染，一向是君子的象徵；吳三桂「衝冠一怒為紅顏」，紅顏象徵美女；男士送女友玫瑰，則是象徵了愛情與浪漫；景美女中的學校大門，採取拱門的造型，象徵虹彩，有太陽國度入口的意義。這些象徵都能引發讀者的想像。

題目：登山記遊

說明：登山是一種很有意義的體育活動，是意志的磨練，也是毅力的體現；而山的壯麗高偉，登山所付出的體力、勞力，往往使人產生對人生道理的體會。從登山活動中，你體會到什麼呢？請將你的登山經驗和體會書寫下來。

（會考模擬試題）

我正站在海拔標高三千九百五十二公尺的「臺灣第一高峰」——玉山主峰，今天終於登上了巔頂。此刻天氣晴朗，配上宛若棉絮般輕柔的白雲，令人神清氣爽。雲海之上浮著一座座的山峰，峰巒相疊，隱現於薄霧之中，讓人猶如置身在國畫詩境。

清晨，我們就進入了玉山，翻過幾座小山頭後，便走進一條狹長的溪谷。溪水很淺，上面鋪排的鵝卵石是柔和的發光體，經年累月的被磨去了稜角，越來越圓滑，也越來越潤澤，我細細欣賞，覺得人也該如鵝卵石一般，愈經磨練愈圓滑。出了溪谷，又是一條平坦的山路，不久就漸漸變得陡峭。山路盤來繞去，走過這排山還有山，一山比一山高，然而山再怎麼陡，路總能蜿蜒著，直驅巔頂，只要我們堅持到底，就能找到出路。

登上山頂後，我往下俯視，天地壯闊的氣勢震懾了我的心；在山間，巨木參天的壯觀，令人感受生命的偉大；而高遠潔淨的藍天與遼闊翠綠的草地，讓人想忘掉都難；那千變萬化的高山湖泊，更讓我覺得自己正居處在傳說中的仙境，久已不食人間煙火。除了這些視覺享受，那種揮汗淋漓的快感，以及我們攻頂後生發對天地的敬畏，都叫人難以忘懷。

「會當凌絕頂，一覽眾山小」，在山的面前，我永遠是謙卑的。登山最大的魅力，不在於外在物質的獲得，而在精神及心靈的充實與滿足，那份無形的價值，如人飲水，冷暖自知。只要你用心體會，總能發現蘊藏在大自然中的，永恆不變的真理。

詩佳老師說作文

1. **審題**：題目是「登山記遊」，是要寫一篇關於登山的遊記。遊記要寫得好，除了生動的描摹景物、細膩的敘述過程之外，還要能提升文章的高度，為遊記賦予較高層次的意義。大自然孕育萬物，神祕而偉大，如果能從中悟出人生的道理，此行才會更有意義，這是同學需要思索的地方。

2. **開頭**：使用空間法，先說明事情發生的地點、位置、空間和地理環境等，作為觸發的媒介，然後再描述風景或記敘事情，能讓讀者有身歷其境之感。主角描寫登上玉山主峰，置身在巔頂，腳下是一片雲海的奇景。

3. **段落**：中間用聯想法，透過和主題有關的人、事、景、物，展開豐富的聯想，如睹物思情、有感而發，逐漸帶出主題，與自身的情感相結合。主角回溯剛開始登山的情況，首先他進入山間的峽谷，見到鵝卵石和層層的山峰，聯想到圓融與堅持的道理。

4.**結尾**：最後用引用法，在文章結尾引用相關的成語、格言、詩詞，或引用古今中外的史實與事例，來強調或證明自己的論點。作者引用杜甫〈望嶽〉中的詩句，以在山的面前永遠謙卑，體悟出大自然包含深邃的哲理，值得細細品味。

結構：空間法→聯想法＋象徵描寫→引用法

(八)對比描寫

小祕訣

鮮明強烈

事物總是要經過比較，才能徹底了解內涵，而對比就是將兩種差異很大的觀念或事物，互相比較對照，使特徵更加明顯。好比我們上大賣場購物，總是要「貨比三家」，比較價格、品質、功能等，才知道每件商品的特色和缺失。

作者透過比較事物的動靜、虛實、濃淡、大小、強弱、善惡、智愚等特色，來突顯事物各自的形象。對比愈強烈，形象就愈鮮明，感受才會愈加明顯，像紅色與綠色對比，動物和靜景的對比，美女和醜男的對比，就相當能夠突顯雙方的出色之處。

同學應注意的是，映襯和對比是不同的寫作技巧，映襯的主次分明，是以次要事物來襯托主要事物；對比則是主次不分，兩者都能夠被突顯出來。寫作時應區分清楚。

題目：古詩新作

空山不見人，
但聞人語響。
返景入深林，
復照青苔上。

說明：

1. 請將王維的五言絕句〈鹿柴〉改寫成白話文，字數約三百字左右。
2. 寫作應充分發揮想像力，著重描摹景物，並體會作者的心情感受。

（推甄模擬試題）

鹿柴附近這片空盪盪的山林中，循著苔綠石階的指引，我來到林子深處，這裡不似城市般嘈雜，林中滿是靜謐。我遊目四顧，看不見有人走動往來，也見不著人煙，在這一片空山靈地、落葉無聲的環境裡，似乎只存在自己的吟哦之聲。

偶然，隱隱約約從遠方傳來人們交談的音聲笑語，也許是深山砍柴的樵夫，也許是溪邊攜伴浣紗的女郎，或是三、五遊人來到此處欣賞自然風光，語聲斷斷續續在空寂幽深的山林間，迴盪，那是對這寂靜世界的一種小小的抵抗。

金色的陽光緩慢而悠閒的移動，逐漸穿透濃密的林子深處。傍晚了，枝葉的影子又落在新鮮翠綠的青苔上，掩映著昏黃的微光，生命力的躍動頓時展露無遺。

詩佳老師說作文

1. **審題**：題目是「古詩新作」，利用指定的王維五言絕句〈鹿柴〉，改寫成白話文，屬於體裁的改寫。同學先要徹底了解詩句的意思，然後去體會作者的弦外之音，融入改寫的文章之中。另外由於詩句的意境空靈，你的文字技巧若能符合空靈的感覺更好。
2. **開頭**：使用空間法，先點出主角所在的地點——空山，將山中四面沒有人影、沒有人家的空盪情況描寫出來，營造空山寂絕人跡之靜，再用詩人自己的吟詩之聲，來襯托環境的寂靜。
3. **段落**：中間用對比法，採用動靜對比的方式，帶出「人語響」之動，與前面空山的幽靜作對比，並且加上自己的揣測，猜測這些人聲的來源，表現主角獨自處於山中與自己內心的對話。
4. **結尾**：最後是餘韻法，在場面最精采時打住，留下耐人尋味的餘韻，供讀者咀嚼深刻的含意。描寫夕陽餘暉映照之靜，再帶出陽光在深林和青苔間移轉之動，使得靜中含動，動中有靜。文章結束了，卻留下清新自然、含意深遠的印象。

結構：空間法→對比法＋對比描寫→餘韻法

㈨聯想描寫

小祕訣

想像力的觸發

聯想和夢境都是人的心理活動，常能超越事物的表象，深入人的心靈和情感領域，揭露人物內在的真實。

聯想是人們從某個和主題相關的人、事、景、物，經由某種觸發，而想到另一個有關事物的心理過程，以帶出主題。即使彼此聯想的事物完全無關，只要加上一些情節或材料，經過觸發，也可以創造彼此相關的意義。

例如數字的「0」和「彈珠」，兩者的性質不同，看似毫無關聯，卻可從「形狀都是圓形」，使彼此產生關聯。

聯想需要想像力，才能打破限制，製造意外新奇的感受，修辭上常用的譬喻、擬人和誇飾，尤其需要聯想。同學可以從具體的事物，也可以從抽象的概念進行聯想，方法有接近聯想、類似聯想和相反聯想三種：

1. **接近聯想**：離描寫對象最接近，是從事物的特性，如形狀、顏色、形成原因等，來進行聯想，像從「向日葵」聯想到太陽、笑臉、風扇、橘子等。作者可視文章主旨的需要，有選擇的進行聯想。

2. **類似聯想**：離描寫對象很遠，是從A事物聯想到與它特性相似的B事物，這兩種事物只要有蛛絲馬跡的相似點，就可以產生關聯。寫作中經常使用的比喻、藉事物引發感懷等手法，都是類似聯想。例如從「落葉」聯想到死亡、分離、埋葬、回歸、衰老、凋零、毛蟲、嘆息等。

3. **相反聯想**：是從事物的大小、強弱、濃淡、是非、善惡、今昔等截然相反的方向，來聯想出另一種事物，可以強化這兩種對立的事物，在性質或型態上給人的感受和理解，讓人留下鮮明的印象。例如從「夏夜」聯想到冬日、冷酷、寂靜、火爐、長袖、白色、羽絨衣等。

題目：圓的聯想

說明：在日常生活中，很多事物都會令人產生圓的聯想。例如橡皮筋能綁住漂亮的頭髮、手錶圈住了爸爸的手、中秋節高掛天空的一輪明月……。除此之外，圓還能令你產生什麼聯想呢？請寫下你的想法。

（會考模擬試題）

你說圓形像什麼呢？像雞蛋？還是像鏡子？我覺得圓像母親為我點亮的燈，那盞家門前柔和的小夜燈。圓又像螢火蟲小小白白的卵，不必靠著月亮也能發出微微的光。我想著夜燈，想著鏡子，想起一個遙遠的故事，那是關於殘缺不全的圓找到碎片，終於拼湊成完整的自己，這故事令我感到悲傷與悵然。

圓，你究竟像什麼？有人說你是零，是母親懷孕時微笑輕撫著的肚子，是生命的起源，象徵一切的開始。我說你住在鏡子裡面，每天早晨，我那圓圓有著豐潤嬰兒肥的臉，如同棉花糖柔軟的面頰，會出現在你的面前，對著你擠眉弄眼，開心的笑著說聲：「早安。」圓，你的體型豐厚，似乎很滿意自己的外表，讓我對你的自信羨慕不已。

圓，你究竟在哪裡？你是哥倫比亞畫家波特羅作品中的一切，隱身在圖畫裡，不管是人或物體，全是你的化身；你那些圓圓胖胖的造型，好像膨脹到要滿溢出來似的，波特羅筆下圓胖的「蒙娜麗莎」，代表你的愉悅和閒適。圓，你是地球，是我生存的地方，也是我永遠細心保護的「家」；你也是個句點，象徵一切的結束，是最終的圓滿。

圓啊！你就躲在我們的生活中，無所不在，總是以不同的面貌呈現在我們面前，你是最善變的，也是最活躍的。你能夠自在的張開圓圓的大口笑，而我卻總為他人的目光感到困惑。你能夠變成月亮、變成太陽，而我卻只能當個平凡的國中生。圓呀！你永遠是我心目中最幸福的符號。

詩佳老師說作文

1.**審題**：題目是「圓的聯想」，重點在從圓的形狀來發想，聯想出各種圓形的事物。同學可以將聯想到的事物先列出來，接著賦予這些事物某種意義，或反映你的內心感受。你可以從生活常見的圓形事物找材料，這樣就能將圓和你自己連接起來，寫圓，其實就是在寫你自己。

2.**開頭**：使用設問法中的問答法，先就題目的主旨，設定一個或幾個問句，接著回答來引出主題。主角先問讀者覺得圓像什麼？接著自己回答覺得圓像夜燈、卵等等，圓也令他想起一個悲傷的故事，帶領讀者進入文章的情境。

3.**段落**：中間也是用問答法，只是主角詢問的對象換成了圓。主角從圓的形狀出發，進行聯想，說圓像是零，像母親懷孕的肚子，又像自己嬰兒肥的臉，又聯想到波特羅的繪畫、地球、句號等。運用譬喻法、擬人法引申開來，表現各種不同的圓，在作者心中的印象。

4.**結尾**：最後用呼告法，先呼喚對方，以引起對方注意，再告訴他要說的事情；或用驚嘆的語氣來敘述，以表達更強烈的情感，引起讀者的共鳴。主角以讚嘆的語氣呼喚圓，讚美圓善變、活躍、自信的特性，這些都是主角心目中圓的形象。

結構：問答法 → 問答法 ＋ 聯想描寫 → 呼告法

(十)夢境描寫

潛意識的心念

有句話說：「日有所思，夜有所夢。」夢境是深藏在人們潛意識裡的思想和願望，人們在白天的所思所想，有時會以夢境的方式呈現。夢境描寫就是把夢中的內容描述出來，讓讀者了解人物深層的心念。

有一部《周公解夢書》，相傳是古代宮廷評夢者「周公」所作，其中講到如果夢到老師，可能是你在生活中正在「學習」，也許是學習新技能或進入新的領域，也可能是正在學習一種新的處世態度。夢中的老師是什麼樣的人，常表現出你內心和那個老師相似的一面，內容頗有意思。

用夢來表現人物的心理，寫法必須含蓄，才能發揮暗示的作用，如果把線索直截了當的揭曉，文章就顯得索然無味。夢中的世界原本就超越現實，所以描寫也可以超乎常理，同學可將夢境內容與現實情況對比，使讀者體會人世無常、浮生若夢的深層意義。

夢能展示人物思想變化的過程，使作品閃爍出朦朧迷離的光彩。夢境在文章的作用有很多，有的暗示人物命運，有的烘托人物心理，有些是隱喻主旨，有些可以深化意境，帶領讀者透過故事情節，領會文章的深層內涵，去感受夢境與現實的衝突。

題目：一場可怕的夢

說明： 夢境，並不全然是美的，偶爾我們也會夢到可怕的情境，讓我們在夢醒時汗流浹背、心有餘悸。在夢裡，什麼事情都有可能發生，請你回想一下，那一場可怕的夢內容如何？夢醒之後你的心情又是如何？

（會考模擬試題）

我坐在書桌前埋頭苦讀，用心的寫著每道數學題目，眼前的字體似乎正漸漸放大，繁雜的計算過程令人頭暈眼花。我揉揉眼睛，那些數字竟像一隻隻螢火蟲似的，發著光，輕飄飄的離開了課本之外，往前面陰暗的地方飛去。我覺得力倦神疲，決定跟著那些飛舞的字，看看它們究竟要到哪裡去。

我進入了一條陰暗的長巷，巷子裡什麼都沒有，只有濛濛的白粉漫天飛舞，讓我看不到路的盡頭。我摸索著走了好久，突然，眼前的巷道變寬了，隱隱從遠方傳來古老的火車鳴笛聲和行駛聲，戚戚嚓嚓鋪天蓋地的襲來。忽然，一大堆白色的紙張飛過來，啪啪全都黏在我身上。拿起一張紙仔細看，上面印滿了幾何圖形，多得讓我數不清。我驚慌失措的扯掉身上的紙張，拔腿向前跑。

我循著火車聲，跑進一條巷子裡，前面出現一輛外形像根鞭子的黑色火車，朝著我壓過來，這感覺似乎有無止盡長的黑色東西，急速的我身旁擦過，距離我只有一公分差距，差點就撞到我。我緊貼著身後的磚牆不敢亂動，不知何時，這長長的列車才能走完。時間就在恍惚中過去。

朦朧中我仍舊坐在書桌前，揉著眼，黑色的影像跟巨大的噪音，一直在我腦海盤旋著。驀然，我照見鏡裡的自己，不禁莞爾：我的臉頰正黏著一張模擬考卷，我想我應該振作起精神，努力用功，免得夢境成真啊！

詩佳老師說作文

1. **審題**：題目是「一場可怕的夢」，重點在「可怕」，同學除了要描述夢境的內容，更要描寫它的可怕之處。你可以藉由各種生理和心理的反應，寫出夢對你的影響，而在事後回顧的餘悸猶存，也是可以發揮的地方。這場夢是不是在暗示什麼？同學可以在此用些巧思。

2. **開頭**：使用虛實法，「實」是指過去或現在，「虛」是指未來，所以是把時間中的過去、現在與未來交雜於文章之中，製造虛幻迷離的感覺，很適合用在寫夢境或是奇幻故事。主角以現在為實、夢境為虛，明明正在寫數學習作，眼前的字卻飛出課本，十分引人好奇。

3. **段落**：中間用懸疑法，就是埋伏線索，釋放暗示，故弄懸疑，以製造神祕的氣氛，引起讀者的好奇心。主角將夢中所見的長巷、火車、噪音及緊張的氣氛描述出來，又加入粉筆灰、考卷和教鞭的暗示，呼應考試的壓力，相當具有感染性。

4. **結尾**：最後用結局法，把事件或故事的結局在此交代清楚，給予文章完整性。主角從夢中醒來，才發現夢境的一切，反映了現實考試的壓力與恐懼，這樣的緊張感，終於迫使他繼續努力讀書，以應付即將來臨的考試。

結構：虛實法→懸疑法＋夢境描寫→結局法

(十一)感官摹寫

觀察→感官→內心

人的身體依靠感官接受外界的刺激，包括眼睛的視覺、耳朵的聽覺、口腔的味覺、鼻子的嗅覺、皮膚的觸覺，再加上心裡的感覺。人裝上了感官的雷達，就能時時刻刻接收外界的訊息。

由於人的感覺容易在瞬間消逝，所以要透過不斷的重複體驗，例如多到外面走走、看看，聽大自然的聲音，增加生活經歷，使記憶深刻，描寫就能更細膩。

感官摹寫是將身體對事物的各種感受，用文字加以形容描寫。先藉由視、聽、嗅、味、觸等身體感官，來觀察和體驗事物，然後書寫出來。可以運用一種感官來寫，也可以將五種感官混合著描寫，使文章的意象更為豐富。

在描繪感官的同時，還要加上你的心靈之眼——想像，寫出看不見的事物，以及感官刺激引發的內心感受，如此內外呼應，才會使讀者產生共鳴。

1. **視覺**：描寫事物的形狀、色彩、光線、情態、景象等外在印象，用文字把這些視覺感受傳遞出來，使讀者的腦中產生畫面，內心受到刺激。吳延玫〈火鷓鴣鳥〉：「火鷓鴣鳥的衣裳是用春天黃昏的雲剪裁的，深深淺淺的紫紅色，帶著一層層的斑紋。牠的形狀像鴿樓上飼養的鴿子，只是比家鴿小一些，看樣子，遠比家鴿精靈。牠的喙子泛著帶紫的亮紅色，眼也是，爪也是。」就是從顏色、形狀描繪火鷓鴣鳥的外觀。

2. **聽覺**：描寫事物所發出的各種聲音，可使用狀聲詞和擬聲字、疊字，使文字產生音樂美，也可以發揮想像力運用譬喻和擬人，作各種巧妙的形容。蕭蕭〈太陽神的女兒〉：「偶爾還夾雜著三三兩兩麻雀無謂的笑聲，但我喜歡稻子這樣爭吵，在風中，窸窸窣窣彷彿半夜裡媽媽為我蓋被的腳步聲。」用人聲比喻自然界的聲響，拉近了聲音與人的距離。

3. **嗅覺**：描寫鼻子聞到的氣味，可運用描述氣味的辭彙，如香、臭、腥、焦等，或用比喻把無形的氣味具體化。殷穎〈一朵小花〉寫出花朵散發的甜香：「這朵淡黃玫瑰的整個容貌，深深地印在我心中，甚至花瓣的每一條細緻的紋理，都能宛然入目。而呼吸間一絲淡淡的甜甜的芳香，便瀰漫了我的案頭。」

4. **味覺**：描寫舌頭嘗到的味道，但不一定限於食物，可運用描述味道的字，如酸、甜、苦、辣等，再加上人嘗到後的反應。陳宜君編《臺北小吃》，形容吃到「四海遊龍」的鍋貼：「一口咬下，熟透的肉餡汁鮮甜入口，雖是燙了舌頭但仍義無反顧地吞下。」將食物的滋味與人的反應，描繪得入木三分。

5. **觸覺**：描寫皮膚接觸外在物體的感覺，但不拘泥於手部，可運用描述觸感的字眼，如冷、熱、痛、癢等，加以巧妙的比喻、誇飾。蔣勳〈大仙院〉形容皮膚凍僵的感覺：「凍僵的手上仍然間隔約莫十幾分鐘會有一陣劇烈的灼痛，好像許多血液洶湧而來，好像皮膚下微血管要腫脹爆裂了，每一個皮下的細胞都在撕裂。」非常具有感官的魅惑力。

題目：一條街道

說明：每一條街道，都能說出許多故事，令人難忘、回憶或感慨。在你心中，應該也有這樣一條街道，可能你從小到大都住在這裡，也可能是你每天上學的必經之地，也可能是你旅行時令你讚嘆不已的街道。請選擇一條街道來描寫，敘述它的故事。

（會考模擬試題）

「叮鈴、叮鈴……叮鈴、叮鈴」，賣餅的小販熱情招呼著往來的客人，搖著鈴，不時的高聲吆喝，人來人往熱鬧得不得了。我走在這條擁擠的街，看見這曾經被人們遺忘的山城，它過去風光一時，卻因為繁華落盡而轉趨蕭條，但這些都已經成為過去。盛夏時分，我走在九份的街道，感受的是一種熱鬧的氣氛。

九份這條炎熱的街道，上了新漆的柏油路面被烈日照得閃閃發光，宛如披著一層淡色的薄霧。每間商店都開了冷氣，一道道白煙漫溢到街上，人人手中拿著傘和扇子，慢慢逛著一間又一間；老闆的招呼聲、客人的談笑聲，似乎也有熱的存在。每間商店門口掛著全新的廣告招牌，款式、顏色統一，看起來有一副新的氣象。

今天是大熱天，又是假日，人們卻不肯待在家裡吹冷氣，紛紛傾巢而出，擠在這條著名的街。人潮洶湧而來，一不小心就會彼此碰撞，沾到陌生人的汗水，那感覺濡溼而黏膩，極不舒服；人人汗氣蒸騰，只有躲到開了冷氣的商店裡，才不會聞到汗與日晒的微焦氣味，帶有酸酸的臭味。我買了杯酸酸甜甜的酸梅湯，啜飲這瓊漿玉液，霎時，全身的熱氣似乎在瞬間蒸發，絲絲沁涼從口中、食道滑入腹裡，煩躁的心情頓時變得透明清涼。

這條走了好幾年的街道，直到今天，我才發現它的變化竟是如此的大，兩旁原本老舊低矮的房子通通不見蹤影，取而代之的是新穎的建築，雖然街道看起來整齊漂亮了，卻也少了以前那種舊舊的、但卻溫暖的味道。過去的一切消逝了就不再復返，但我仍能將之留在心底，成為永恆的回憶。

詩佳老師說作文

1. **審題**：題目是「一條街道」，重點是描寫這條街上的人、事、景、物，和在街道發生的事情。你所觀察到的種種，透過文字敘述出來，就交織成街道的故事。同學不要只著墨在某家商店或某個人，描寫的焦點必須豐富多元，才能夠比較完整的呈現街道的特色。

2. **開頭**：使用摹聲法，利用狀聲詞和擬聲字，模仿人物自身或周遭環境的聲音。由於聲音響亮的特性，使用在文章開頭就能夠製造驚奇，給人出奇不意的感覺。本文以小販搖鈴的「叮鈴」聲開始，從主角的角度來看山城，營造九份街道熱鬧的氣氛。

3. **段落**：中間用通感法，同時運用各種感官描寫外界事物，將視、聽、味、嗅、觸等知覺聯繫起來，最後歸於「心覺」，求得內心的體會。主角運用不同感官，描寫在炎熱的天氣見到的街景，比起單純描述街道上的商店與陳設，另有一種特殊的感受；而冰涼的飲料進入體內時的刺激感，更是將感官描寫大加發揮的地方。

4. **結尾**：最後是啟示法，從對事件和經歷的敘述，歸結所得到的啟示和教訓，來加強文章所表達的中心思想。主角在老街見到的新建築、新氣象，更令他懷念起老街從前的古早味，體會到有些事物一去就不能追回，但卻能留在心中作為永久的懷念。

結構：摹聲法→通感法＋感官描寫→啓示法

㈩場面描寫

動態＋靜態

場面是文章提供的背景環境，交代時間、地點和人物，點明人物活動所在的空間，也就是生活環境。我們說一個人「沒見過大場面」，就是說他生活所接觸的環境太少，所以同學要增加生活經歷，筆端才能創造出生動的場面描寫。

場面描寫可分為動態和靜態。動態場面是在特定的環境中，圍繞著人物的活動場所來描繪；靜態場面是平面地對人物或景物進行描寫，交代時代背景、時間地點、風俗習慣和環境氣氛。

在一個場景的描寫裡面，有靜也有動，只是有主次之分，通常以動態為中心，同學可依照內容的需要，來決定主要的描寫是靜還是動。寫作對象則可以是單一人物，也可以是許多人物共同的活動。人物性格會在場面描寫中，自然而然地表現出來，使讀者感受人物的生活，增加文章的說服力。

場面描寫依照內容可分為三種：以氣氛為主的，如歡樂、哀傷、舞會的場面；以人物活動為主的，如結婚、葬禮、過年的場面；以事件片段為主的，如唱歌、頒獎、演講的場面。

題目：參訪○○記

說明：我們在求學階段，有機會走出教室，到大自然或參觀博物館、美術館，都是令人難忘的經驗，從這些活動中能夠增廣見聞，增加生活經歷，因此是同學們的最愛。請你以參訪某地為題，描述活動的經過，並舉出令你印象深刻的片段。

（會考模擬試題）

我曾經參觀收藏古典文物的博物館，也到過大自然踏青體驗學習，幸運的我，跟隨老師增加了許多生活經歷。可是，最令我陶醉和難忘的，卻是那次前往阿美族的部落，參加難得的豐年祭典。自從在歷史課學習臺灣原住民的歷史後，我就期待著親自到部落參訪，終於機會來了！老師決定趁著畢業旅行，帶我們到阿美族部落參加豐年祭。

我期待已久的豐年祭，終於在晚上揭開了序幕。遠遠的看過去，只見一團團紅光圍著場地；走近一看，場地四周插著火把，熊熊的火焰讓山裡清涼的空氣，增添了絲絲溫暖。進入了會場，聽見柴火正劈啪作響，傳來陣陣香氣，彷彿在歡迎著我們這些外來的客人，來到他們的家，一同參與阿美族的盛事。營火照在阿美族的姑娘和青年身上，他們穿著部落的傳統服飾，映著瑩瑩火光，喜氣洋洋的一片紅。

祭典正式開始了，阿美族青年們圍成一個大圓圈，中間有一男一女的老人家帶頭唱歌，其他的人和著，舞跳不好的人還會被外圍的人打，為祭典增添了許多「笑果」。我也加入他們的行列，大家手牽手，雙腳輪流踩著舞步，往順時鐘方向慢慢移動，唱的同時也配合著舞步。一開始，我的腳步顯得十分生澀，但不多時就熟練的踩踏起來。

音樂聲越來越高昂，我們的動作也越來越大，此時，所有在場觀看的人們，紛紛舉起了手機，拍下這個難得的畫面。點點的手機螢光猶如地面上的星空，在夜晚綻放出耀眼的光芒，那一刻，我們都被這歡笑又不失莊重的場面給深深感動。

詩佳老師說作文

1. **審題**：題目是「參訪○○記」，可以當成一篇遊記或戶外教學活動來寫，但若要寫得出色，就要另尋巧思。主角以參訪阿美族的豐年祭做為題材，可針對夜晚和祭典兩個方向來思考，豐年祭有其特殊的活動，可選取幾個焦點加以發揮，寫出特別之處。
2. **開頭**：使用陪襯法，先列舉一些和主題相似的事物或經驗，最後再點出主題，使主題更加突出。主角曾經去過博物館、大自然等地方參訪，但令他最期待的，就是參觀阿美族的豐年祭。
3. **段落**：運用了遠近法，宛如攝影機一般，將空間中的遠、近變化描寫出來，可由遠及近或由近及遠，使文章具有動感和突出的美感。主角由遠及近的從會場外的一片紅光，拉近距離發現是會場的營火，再聚焦至阿美族男女的穿著，最後拉至主角自身，寫他加入跳舞的行列，將景物逐漸拉近而造成焦點。在場面描寫方面，寫出祭典時原住民歌舞歡樂的動態場面，並搭配靜態的會場環境，使讀者宛如身歷其境。

4. **結尾**：最後使用餘韻法，讓文章在最美麗的那刻結束。主角描述在場的觀眾以手機拍照留念，製造出來的點點光亮，使得夜晚更加美麗，作為本篇文章的結束，留下耐人尋味的餘韻。

結構：陪襯法→遠近法＋場面描寫→餘韻法

四、結語

描寫的方法有這麼多，但是能否巧妙運用，就要需要同學對各種描寫技巧的理解和平日鍛鍊的累積，尤其必須運用你的想像力和創意，才能做到「巧妙」。

描寫、論證與修辭技巧，都是寫好作文的元素，彼此能穿插、融合在一起使用，只要同學針對題目需求，設計出一個好故事，搭配好空間和時間，再運用開頭、段落和結尾的各種方法，作出多樣的組合，就能使作文擁有令人驚奇的創意。

論證篇

一、論證的含意
二、常用的論據
三、論證的要領
四、論證的種類
㈠演繹　㈡歸納　㈢類比
㈣對比　㈤反證　㈥引證
㈦例證　㈧因果　㈨比喻
㈩引申
五、結語

法庭上的攻防

夏洛可意外發現被害人的前夫麥可就住在附近，就馬上申請搜索票前往調查。只見門霍地打開，麥可頭髮凌亂、渾身大汗的出來應門，夏洛可注意到他的右手腕有個五公分的傷口，麥可下意識的將傷處用手遮住。鑑識員從麥可的黑色賓士車方向盤，採集到血跡。於是麥可被以殺妻罪嫌移送法辦。

法庭上，檢察官指證歷歷，從麥可手腕的傷、車上的血跡、以往和妻子爭吵驚動警方所留下的紀錄，指控麥可就是凶手。但麥可的辯護律師反駁警方辦案有瑕疵，證據薄弱。律師先請麥可試戴沾血手套，結果手套太大，根本戴不牢。

律師說：「這隻染血襪子上面沾的血，證明是被害人的，但襪子上的血跡兩邊形狀一致，可見是同時被血液穿透染汙，不可能是穿著的狀態沾到，而是在襪子平放的狀態被滴上去的。合理的推論是：凶手不可能將襪子放在地上，而特地將被害人的血滴上去。」

律師又拿出「凶刀」說：「垃圾桶裡的刀，沒有血跡反應，也應該排除。被告手腕上的傷口是因為沒帶車鑰匙，自行撬鎖時劃傷的，因此在留下血跡；撬鎖用的長尺也證明曾經劃傷被告的手。綜上所述，這件凶殺案和被告毫無關係，被告應被當庭釋放。」

由於律師提出的證據十分可靠，加上科學鑑識的佐證，使檢方感到顏面無光。陪審團作出無罪的裁決，由法官判決將麥可無罪釋放。

律師為被告的清白辯護，在法庭上必須解釋和分析自己的論點，運用有效的論證；他所提出的證據或反駁，都會被檢方反覆的檢查和否定，所以律師的證據必須可靠，論證也要有說服力。這裡律師提出有力的證據，加上合理的邏輯推論，成功的駁倒檢方，並且說服陪審團，作出對被告有利的判決，將被告當庭釋放。這就是成功的「論證」。

一、論證的含意

一篇議論文包括了論點、論據、論證三大要素。

論點是文章的中心，是作者針對題目所作的思考和觀點；論據是文章的證據，是為了證明論點所舉出的一些例子；論證是運用論據來證明論點的過程和方法，是強而有力的推理過程。

通常議論文的開頭是提出論點，論證的部分則是從第二、三段開始，可在此運用各種論據去推理證明你的看法，最後才在結尾下結論。所以議論文的內容包含論點、論證和結論三個部分，正好是文章的開頭、段落和結尾。

<table>
<tr><th>開頭</th><th colspan="2">段落</th><th>結尾</th></tr>
<tr><td>提出論點</td><td>進行論證</td><td>運用論據</td><td>作出結論</td></tr>
</table>

議論文的步驟是提出論點、進行論證和作出結論。其中「進行論證」是十分重要的部分，因為議論文是以論點說服人，就像律師要說服陪審團，需要仰賴充足的證據，而論證的作用，就是提供充分的證據或理由，以支持後面的結論。

論證是議論文最重要的內容，也是論說文結構的主要部分。舉例來說，論點解決了「證明什麼」的問題，是文章的寫作對象；論據解決了「用什麼來證明」的問題，以支持你的說法；那麼論證就是用來解決「如何去證明」的問題。

同學要注意，如果文章只有論點，而缺少實際的論證，就缺乏有力的證據；如果只有論證，而缺少明確的論點，就只是事實或例子的堆砌。無論是哪一種，都會使議論的主題與主張模糊不清。

二、常用的論據

「有一分證據，說一分話」，人的言論要有依據，而不是無的放矢，寫文章也是。議論文常用的證據有事證、語證、人證、物證、理證和譬喻證等六種，其中事證、語證、人證、物證屬於「直接證據」，說服力較強；理證和譬喻證則屬於「間接證據」，要經過推理的過程，才能證明論點。分別介紹如下：

論據	內容
事證	古今中外為人所知的事例，包括作者的親身經歷、野史傳聞、社會時事和歷史事件。如會考例題〈鄉村與都市〉，就可將自己在鄉村和都市居住過的親身經歷當作證據。
語證	古今聖賢、名人、專家的話語，也包括俗語、諺語、格言或詩詞佳句。例如俗語說：「一分耕耘，一分收穫。」就是用來支持「要有收穫，就得耕耘」的論點。
人證	人的行為、事蹟和經歷。如：「舜發於畎畝之中，傅說舉於版築之間，膠鬲舉於魚鹽之中，管夷吾舉於士，孫叔敖舉於海，百里奚舉於市。」這些人的事蹟說明「天將降大任於斯人也，必先苦其心志，勞其筋骨」的論點。
物證	自然界的事物所隱含的物理現象。如：「戶樞不蠹，流水不腐。」說明經常勞動的人，才會不斷精進，勉勵人要努力為學、做事勤快。
理證	根據事實或大眾認同的原理、原則、道德觀念所作的推理。例如「原諒別人就是善待自己」的道理、梁啓超在〈最苦與最樂〉所談的「盡責最樂，不盡責最苦」等等。
譬喻證	用比喻來作證據，藉由比喻的巧妙來說服別人。如「學如逆水行舟，不進則退」，比喻做事、求學就好像乘坐在小船上，如果不努力往前划，很快就順著水流後退了，說明人要不斷的努力才不會退步。

有了這些論據，同學可以選擇一種或數種來使用，配合有力的論證推理，就能夠成功的說服讀者。

三、論證的要領

同學如果能掌握下面的要領，了解論證的方法，常撰寫文章模仿習作，多練習寫需要論證技巧的文章，並且在生活上運用論證推理，就能訓練出論證的技巧：

1. **掌握方法**：了解論據的種類，熟悉各種論證方法的原則和寫法，結合本書的小祕訣並閱讀範例，參考「詩佳老師說作文」的說明，反覆記憶。
2. **模仿練習**：參考不同的議論文，徹底研究別人的寫法，然後針對相同的題目來仿作，就能將理論的知識轉為寫作技能。
3. **實踐寫作**：自己訂個題目，自編大綱，試著練習議論文或科學性的文章，或趁著撰寫學校報告的機會，熟悉各種論證方法與運用技巧。
4. **結合生活**：練習不限於閱讀和寫作，同學平時與人談論問題，就可以採用舉例、歸納、引申等方法，表達觀點，說服對方。如果能參觀或參加辯論比賽、演講比賽，就更能將論證技巧運用自如。

四、論證的種類

不論是升學考試或國家考試，議論文的命題機率都相當高，即使目前引導式作文的命題方向，多以同學的生活經驗為主，議論文題型仍然在寫作測驗中，占了相當的比例，或出現在語文測驗，況且寫議論文的目的並不只為了應付考試，更是訓練自己的邏輯思考能力。

現在的寫作測驗，會先提供一段說明材料給同學參考，但是也僅幫助同學判別題意和寫作方向，並不會提供你需要的論據、論證，想要寫一篇成功的議論文，還是有賴於同學日常的練習。

寫議論文時，同學可根據寫作的需求，將腦中所想到的論據迅速整理出來，再挑選適當的論證技巧來下筆，就可以使論證富有變化和特色。但是寫作速度的訓練，必須靠日積月累的練習，才能在考場中信手拈來，毫不遲疑。

本單元將論證方法分為演繹、歸納、類比、對比、反證、引證、例證、因果、比喻、引申等十種，為同學解說論證的技巧，配合小祕訣整理的論證過程，使同學「議如反掌」的掌握會考得分關鍵！

(一)演繹

小祕訣

已知論點→舉出事證→導出主張

歸納論證和演繹論證都屬於直接證明，都是直接揭示論點和論據之間的關聯，所使用的論證方法。

演繹是先綜合論點之後，再舉出事證來分析。方法是以一個論點或想法為基礎，再舉出各種事實或現象，分析並對這些資料下判斷，證明該論點或想法是正確的，最後下結論。

這種方法的特色是先從全部已知的事實，去推測和證明部分的事理，也就是由大道理來推演出小道理。例如，凡是守信用的人才能得到別人的信任和尊重（已知論點），你是一個守信用的人（舉出事證），所以你能得到別人的信任和尊重（導出結論）。

使用演繹法時，要注意已知的論點和你舉出的事證，必須是真實而正確的，像「凡是聰明的人都能考第一名」，並不符合實際情況，就不可以此作為推論。

題目：守信的重要

說明：守信的基本涵義就是信守諾言，言行相符，是做人的基本要求。做到守信就會有信譽，才會獲得別人的信任和尊重。人們守信會帶來什麼影響？請思考後舉例說明你的看法。

（會考模擬試題）

守信，是每個人都必須具備的品德，不僅是處世的態度，而且是一種生活習慣和價值；人如果講信用，就能夠獲得他人的信任和尊重，也能坦蕩的立足於社會。因此，人與人之間要建立良好的關係，商業社會要經營好企業，政府要領導國家，都必須做到信守承諾，才能做到良好的管理。

當年韓信落魄的時候，一位漂母贈飯給他，韓信離開時告訴她以後一定會報答，後來韓信做了楚王，不忘舊恩，奉黃金千兩回報漂母。春秋戰國時，商鞅主持變法，為了樹立威信，推行改革，於是下令在都城南門外立一根三丈長的木頭，並對人民承諾，若有人能把木頭搬到北門，就賞金十兩。眾人不相信有那麼容易的事，結果沒人肯出手，商鞅就將賞金提高到五十金，終於有個人出來將木頭扛到了北門，商鞅立即信守承諾賞賜五十金，從此便在百姓心中樹立起威信，變法也順利的在秦國實行了，使秦國漸漸強盛，最後統一了中國。

知名的美國奇異公司前總裁威爾許先生，認為唯有以誠待人，才有機會在工作上致勝，美國航空的飛機故障的後續處理方式，就是真實的例子。有次美國航空飛機因為機械故障維修，請乘客轉機，但仍有五名乘客願意等待，延誤十四小時之後終於可以起飛，雖然只有五名乘客，但航空公司仍然招待這些乘客乘坐商務艙，讓眾多空服員服務這五位乘客。這樣寧可損失也要遵守與乘客的約定，不僅得到乘客的讚譽，也讓更多的人願意搭乘美國航空的飛機，創造更多利潤，正符合「誠信篤實者勝」的道理。

守信就是堅守承諾，言行一致。如果每個人能夠從自身做起，人人講求信用，互相信賴，信用就會成為個人的品牌，成為無形的資源，不論是在學校讀書或在社會上工作，都能獲得別人的信任和尊重，也能得到致勝的契機。

詩佳老師說作文

1. **審題**：題目是「守信的重要」，要先釐清當我們做到了守信，會產生什麼價值，並帶來什麼影響？可運用演繹法，先提出一個理證，然後向外舉出數個與守信相關的事實，來證明守信的道理，最後作出結論。

2. **開頭**：使用結果法，先提「守信才會獲得別人的信任和尊重」的道理，說明只要具備守信的品德，個人就能得到良好的信用評價，企業、社會、國家都也必須做到守信用。

3. **段落**：用的是水平法，也就是「水平式思考」，以題目為中心，四面八方的向外思考，以聯想更多相關的事物，是將思考擴大的一種方式。作者從守信聯想到古代韓信報恩、商鞅變法，到現代的美國航空事件，這些事實就成為文章的例子，用來證明守信的結果和重要。

4. **結尾**：最後用總結法，將文章所分析出來的看法，在結尾總結成為結論，以點出題旨，說明作者的主張。從以上的理證和實例，作者提出人人從自身做起、講求信用、互相信賴的主張，並為文章作出結論。

結構：結果法→水平法＋演繹論證→總結法

(二)歸納

小祕訣

分析事證→推出論點→作出結論

歸納法是先分析事證資料後，再綜合出結論。

方法是先找出幾個事實當例子，個別去分析與觀察，找出他們共同的特點，進而推出論點，最後歸納成結論，是確立作者主張內容的論證法。

這種方法的特色是先從部分已知的資訊，去推測全部的想法，然後詳細分析這些資訊，去印證之前的推測。

例如一個盒子裡有五十顆糖，從盒子拿出了十五顆都是薄荷糖（分析事證），就推測盒裡的五十顆全都是薄荷糖（推出論點）；然後把盒中的三十五顆糖全都倒出來，來驗證你的推測是否正確（導出結論）。

歸納法要用有代表性的事證，吸引讀者的注意；舉出事證之後，還要有清楚的分析和說明，合理的推出論點。

題目：談禮貌

說明： 禮貌是為人處世的態度，只要你以禮待人，別人也同樣會以禮相待，甚至許多事情都能在和諧的氣氛中完成。禮貌到底有多重要？對人的影響如何？作用是什麼？請舉出例子來說明你的看法。

（會考模擬試題）

中華民族自古以來受儒家思想的教化，講究仁義和以禮治民，因此有「禮儀之邦」的美譽，影響至今，我們的社會仍十分重視禮貌。禮貌的含意就是尊重，可表現個人的修養，是人際關係的潤滑油，凡事講禮貌，就能得到他人的尊敬，社會能因此維持和諧的氣氛，國家也能得到妥善的治理。

在眾多的學問中，孔子最重視的就是「禮」，他自己就是一位禮貌的實踐者，曾說：「克己復禮。」禮就是「節制」，克制自己的私欲和不正確的言行。孔子也認為禮是「真情」，而且在上位者必須做人民的表率；禮又是對天地萬物的「尊重」。孔子吃飯時，如果剛好坐在居喪者的旁邊，從來就沒有吃飽過；若在某天弔祭過什麼人，他在那天都不會唱歌。孔子的禮貌都是出於情感，切實的體察禮的精神，而不是只遵守形式上的禮貌。

我們在生活中，也應該節制自己不合宜的行為，出於對他人的一份愛來實踐禮。

例如對待父母、師長，應勤於問候關心；接受或遞交物品時，要用雙手，表示尊敬之意；與人交往時，要注意禮讓；有事求人幫忙，應該先說聲「請」；如果妨礙到別人，或自己覺得有不周到的地方，應向人說聲「對不起」。因為愛人，所以有禮，尊重萬物，不使人受傷害，這樣才是真正做到了禮貌。

禮貌是尊重他人的方式，也是行為處世的規範，人們若以禮相待，小至個人立身處世，能受到好友的敬佩，受對手的敬重；大到管理企業、治理國家，能維持良好的關係、維護外交和諧，甚至可以化干戈為玉帛。當我們了解禮貌的內涵，以節制、真情和尊重去實踐禮，就可以創造一個和諧的社會。

詩佳老師說作文

1. **審題**：題目是「談禮貌」，範圍就十分廣泛了，你可以談禮貌的意義、例子、作用和影響，或者提出實踐禮貌的建議或方法。可使用歸納法，先談禮貌的幾個層面，再配合一些例子說明，然後導引出禮貌的重要性，論述的脈絡會很清晰，讀者就能對你的主張有深入的認識。
2. **開頭**：使用解題法，題目如果屬於含意較深的抽象語句，就先將題目的意義簡單的解釋一下，讓讀者開始就能了解文章的主題。作者先說我國受儒家思想的教化，成為重視禮貌的社會，接著解釋禮貌的意義是尊重，說明禮貌的效用，以帶出段落的實例。
3. **段落**：用的是垂直法，也就是「垂直式思考」，是從現有的理論、知識或經驗出發，從上到下、垂直深入分析的思考方式，重視思考的延伸。作者承接開頭的「儒家思想」，先談孔子對禮貌的定義和看法，在舉孔子守禮的實例，分析出禮貌的精神，接著舉生活的例子，談實踐禮貌的方法。

4.結尾：最後用總結法來結束文章，作者從生活各層面來看禮貌的影響，最後歸納出了解禮貌、實踐禮貌，就能創造和諧的社會的結論。

結構：解題法→垂直法＋歸納論證→總結法

(三)類比

小祕訣

相似比較→推出論點→作出結論

類比，是把兩個屬性相同或相似的事物拿來比較，從而得出結論，可以使說理具體生動，發人深省。透過比較能突出事物的特點，如果運用得當，就能揭示事物的特徵，有力的證明你的論點。

這種寫法的特色是從個別事例，推論到同類的另一些個別事例，然後推出結果。例如，史蒂芬史匹柏的電影《回到未來》很好看，他的電影《AI人工智慧》很好看，《關鍵報告》也很好看。因此，史蒂芬史匹柏的下一部電影也是好看的。

類比的兩個事物之間，共同點要越多越好，像陶淵明窮困潦倒，但卻堅持自我，在文壇建立不朽的名聲，杜甫也是。如果以他們的共同點進行比較，結論會更令人信服。

但同學要注意，如果兩類事物沒有共同點，或共同點太少，就不適合拿來類比。譬如要將兩個人拿來比較，但他們無論內在、外在都沒有共同點，唯一的共同點是「人」，就很難將兩人拿來類比。

題目：沙子與海綿

說明：沙子和海綿具有「吸水」的共同點，但從結果來看，又有極大的差異。請用沙子和海綿的吸水情況，來類比論證學習方法的不同，深入剖析，並舉例來支持你的看法和主張。

（會考模擬試題）

一堆細沙和一塊海綿，它們都擁有吸水的能力，但是結果卻有很大的不同。有個簡單的實驗：首先往沙堆中倒水，只見水慢慢滲入沙子的空隙，但大部分的水都透過沙子而流失掉了。接著，我們將水倒入海綿中，看到海綿慢慢的溼了，卻沒有半滴水滲透出來。學習的方法就好比沙子與海綿，一個使人很快就忘記所學，另一個卻能夠幫助人儲存知識。

我曾觀察過自己和同學的學習狀況，歸納出「沙子過水」和「海綿吸水」兩種學習方法。以沙子過水法來學習的人，儘管刻苦用功，所獲得的成效卻十分有限，因為他們對任何知識學問都採取死背、硬記的方式，雖然在考試時能順利將答案寫出，但考試後很快的就將知識遺忘。有個英國人名叫亞克敦，一生酷愛讀書，讀過的書籍累積至七萬卷，卻連一篇不必文采、中規中矩的文章都寫不出來。一位學者很惋惜的說：「這不就像沙漠吸水，雖然飲下一股清流，最後連一滴泉水也沒有噴湧到地面上。」這就是不能將知識儲存以活用的後果。

但是以海綿吸水法來學習的人就不同了，不但視知識為取之不竭的能量，還能夠「儲能」，將知識經過理解和消化之後，成為自己的一部分，然後再靈活運用到生活的各個層面。同樣是愛讀書，清初大儒顧炎武從小就如飢如渴的讀書，故鄉的書幾乎要被他讀完了。他不僅每天讀書，每逢難題必定徹底了解，發現疑問更是反覆琢磨，直到研究通透為止，後來他完成了《日知錄》這部歷史研究的重要著作。

學習需要掌握正確的方法和技巧，才能達到事半功倍的效果，不能聰明的學習，就會變得盲目而缺乏目標，徒然耗費了許多時間、心力，卻無法獲得學習的快樂與成就。所以，我們應該善加運用海綿吸水式的學習法，將知識儲藏活用，揚棄以往沙子過水式的填鴨，在學習的路上必定能有所成長。

詩佳老師說作文

1. **審題**：題目是「沙子與海綿」，要求用類比論證來論述，同學就要從兩者找出共同點和相異點，作為文章的主軸。題目乍看下令人搞不清楚範圍，但說明點出了「學習」，可由此來聯想：將沙子與海綿當作大腦，吸水性就等於學習成效，如此就能明辨差異、確立主旨了。
2. **開頭**：使用解題法，先解釋沙子與海綿各自的特性，然後從分析出來的特性和學習方法聯結，以帶出下文探討學習方法的論點。這種做法可以在開頭就釐清題目，揭示文章主旨，使讀者容易掌握閱讀。
3. **段落**：用的是正反法，將相反的兩種觀念並列，造成強烈的對比，藉由反面來襯托出正面的意思，以增強主旨的說服力。作者採用「先反後正」的寫法，先說沙子過水法的弊病與例子，再提出海綿吸水法的方式和例子，讀者從中可比較出兩種方法的差別。
4. **結尾**：最後用總結法，先總結前文的觀點，最後提倡使用海綿吸水式的靈活學習，反對以往沙子過水式的填鴨學習，將作者的主張揭示出來。

結構：解題法→正反法＋類比論證→總結法

㈣對比

小祕訣

正反對立↓比較推論↓突出特性

對比論證，是將兩種互相對立、正反不同的觀點或事物，放在一起比較，使被論證事物的好處或弊病、特色，能更鮮明的突顯出來，使讀者容易認識。例如美與醜、善與惡、爭與讓、逆境與順境、光明與黑暗、天使與魔鬼、自信與自大等等。

對比論證可以使正確與錯誤對比分明，是非黑白更加明確，使論證周密，給人深刻的印象。像我們讚美品格高潔，而不以高官厚祿為榮的人，就可以舉出李白不摧眉折腰事權貴、蘇武守節等例子，和大貪官和珅、失節降清的吳三桂對比。

作者透過比較和對照，可以肯定真理，否定謬誤，使論點更加突出。在進行比較時，必須先掌握事物或道理間可以對比的地方，注意分析對比點和論點的關係，才能突顯差異，增加說服力。

題目：自信與自大

說明：自信與自大是很容易混淆的兩種態度，在待人處事上，這兩種態度會各自帶來不同的結果。請深思一下，自信與自大有何不同？它們彼此的關係及對人的影響有哪些？請分析自信與自大的不同，並說出你的看法。

（會考模擬試題）

自信與自大，其實只是一線之差。自信是信任自己，對自身具備的能力和優點有信心；自大則是妄自尊大，也就是過分放大自己的能力和優點，對一件事胸有成竹而產生傲慢的心理。現今是講究個人行銷的時代，人人都努力突顯自己的優勢，有自信能得到他人信任，但自大則相反，所以分辨自信與自大，就顯得十分重要。

人如果能夠表現出自信，很容易就獲得別人的信任和重託，這是成功的因素之一。不過許多人將「自信」和「自大」混為一談，其實這兩者可以從個人的舉止談吐中表現出來。有自信的人，十分熟悉本身的能力與專業，所以他們會抱持坦誠的態度，向對方溝通所有事情，解釋種種疑問，只會敘述事實，從不花言巧語或鋪張揚厲的大肆渲染。

相反，自大的人會誇大所知，作出與事實不符的描述，當對方深入詢問時，通常都難以自圓其說，或藉由貶低對方使其信服，以表現自己的厲害，但卻不知這樣已經喪失了個人的誠信。自信的人會以尊重對方為前提，理性的表達意見；自大的人則不會顧慮他人感受，強勢的表現自我。自信的人深知，即使是自己擅長的事情，如果表達方式不適當，也會予人自大的感覺；自大的人卻沒有這樣的認知。

現代人強調自信，但有些人的自信，其實只是自大而已，俗話說：「一瓶水不會響，半瓶水響叮噹。」自信和自大的共同點，在於他們都認為自己具有實力，但實際上，自大的人實在沒有真本領。我們應該誠實的面對自己，當一個真正散發自信的人，時時刻刻讓自己保持在最佳狀態，慢慢的一步步走向成功的道路。

詩佳老師說作文

1. **審題**：題目是「自信與自大」，難度是將相近而容易混淆的概念區分清楚。寫作重點放在釐清兩者的差異，並點出這兩種態度對人的影響。作者使用正反法來對比論證，恰恰可以突顯雙方的特性，同學可以一段從正面、一段從反面論述，也可以用正反穿插夾雜的方式來論述。
2. **開頭**：使用破題法來解釋題目，把題目當做開頭來下筆，也稱為「開門見山法」。在文章開頭就把題旨點明，直接揭示主旨，為後面的正、反論述鋪路。作者解說自信與自大個別的定義，比較兩者的差異。
3. **段落**：運用正反法，作者採用「先正後反」的方式，先寫自信的特性，再寫自大的特徵，然後夾雜的先寫自信、接寫自大，再寫自信、再寫自大，形成「正反正反」的效果，使文章靈活有變化。

4. **結尾**：最後是引用法，引用俗話「半瓶水響叮噹」，帶出自大的人實際上沒有實力，以勉勵自己成為真正有自信的人，而這才是通往成功所應抱持的態度。

結構：破題法→正反法＋對比論證→引用法

㈤反證

小祕訣

駁斥論點→駁斥論據→駁斥論證

反證就是「反駁論證」，許多翻案文章都採用駁論寫法。首先駁斥論點，或揭露對方論點與事實矛盾的地方，再用正確的道理和事實，駁斥對方的論點；接著駁斥論據的錯誤，最後駁斥論證，指出對方的論據與論點之間，沒有必然的邏輯關係，是一種間接論證的方法。

舉例來說，如果我們要反駁「知足常樂」的觀點，先不直接批駁它，而是針鋒相對的提出一個新論點，也就是「不知足才常樂」，然後從幾個方面全面的證明新論點的正確性。反證就是像這樣用充分有力的論據，去駁斥錯誤的論點。

反證法教我們從其他角度看事情，像如果要證明大賣場的菜比傳統市場的新鮮，就要先假設大賣場的菜不新鮮，然後提出證據證明，從推論中發現結果和假設發生矛盾，於是就證明了大賣場的菜，其實比傳統市場的新鮮。這樣的推論，能幫助我們徹底了解事物。

題目：知足常樂辨

說明：知足常樂，是自古以來廣為人知的道理。然而，知足一定就會常樂嗎？不知足就一定不開心嗎？其實快不快樂通常是由比較而來，看事情的角度也絕非只有一種。請反駁「知足常樂」的道理，並提出有力的看法來支持你的論點。

（會考模擬試題）

有個研究快樂的實驗，其結果十分出人意料，受試者以「希望我是」例如「希望我是首富」來造句的，比用「還好我不是」例如「還好我不是遊民」來造句的，還要不快樂，心情也更低潮。原因是「希望我是」讓人想到自己的不足之處，就難免沮喪；而「還好我不是」卻使人感到慶幸，原來自己擁有的比別人還多。這說明了「知足常樂」的道理，但我卻認為「不知足也可以常樂」。

不知足是對現狀的不滿意，因為羨慕他人擁有的，所以要努力改善自己的狀況，不知足就成為進步的動力，在奮鬥的過程中，快樂也會隨之而來。比起不知足所能給予人的刺激，知足帶來的安定感，就容易使人失去前進的動力，當人對現況過度樂觀，也習慣了那份安定感，就會安於現狀，自然而然的演變成原地踏步，無法更上一層樓。停滯不動雖然使人安逸的活著，但總有一天會很不快樂。

除了個人的成長，不知足也能帶給社會國家正面的影響。例如政府官員不滿足眼前的成就，於是設法解決當前政治、社會的問題，那麼社會就會持續的發展，人民也會因為政治人物的不滿足，而得到他們努力的果實。反之，如果一個國家對國內的經濟狀況知足，就容易失去警覺心，有如金融風暴下的冰島，原本是世界富國，現在驟然瀕臨破產危機。國家一旦停滯，就會落後，人民的生活水準下降，快樂指數就會降低。

不知足也能常樂，我們將不知足視為人們進步的動力，當夢想達成、現狀改變後，也要提醒自己：人未必會得到他想像中的快樂。因為不知足的動力，也許會演變為貪得無厭，不如調整好「希望我是首富」的心態，專注於努力奮鬥的過程，凡事盡其在我，將不知足轉化為正面的動力，人生就是滿滿的幸福與快樂。

詩佳老師說作文

1. **審題**：題目是「知足常樂辨」，是一篇駁議型的論說文，也就是翻案文章，將前人的意見加以顛覆，提出新的看法，是可以發揮創意思考力的題目。同學要能從反面的角度來思考，原論點是「知足才能常樂」，反面就是「不知足也能常樂」，由此找出支持自己的論據，以突顯自己的主張。

2. **開頭**：使用冒題法，就如同行軍作戰，由小兵先打前鋒，在開頭使用一段和主題相關的文字，內容可以是小故事或生活經驗，然後主帥才出現，帶出文章的主題。這段文字必須有引發題旨的作用，又稱為「埋兵伏將法」。作者從一個有關快樂的實驗開端，帶出知足常樂的道理，接著提出不同看法。

3. **段落**：運用的是批駁法，常用來挑戰存在已久的價值觀，寫法是從另外的角度，找出這些已知觀念的錯誤，並建立出更有說服力的新觀念。透過這樣的顛覆，能促使人去創新思考。作者從知足的反面「不知足」入手，分析不知足是一種反動的力量，能使人不斷前進；知足的安全感則使人處在安逸、樂觀的狀態，而失去前進的動力。接著舉出正、反例子，將視野擴大到國家社會。

4. **結尾**：最後用呼應法，回到開頭的「不知足也可以常樂」的主題，總結出不知足就是正面的力量，是進步的動力，也是活得快樂的途徑。

結構：冒題法 → 批駁法 ＋ 反駁論證 → 呼應法

(六)引證

小祕訣

理據→證明論點

寫議論文時，通過引用事理作為論據，來證明論點的論證方法，叫引證法。事理包括經典、名家言論、正確的科學原理、人盡皆知的常識，以至於古今中外內涵深刻的格言、諺語、成語等等。用這些材料進行論證，能大幅增加文章的深度，更準確的說明論點。

權威性的話語禁得起時間考驗，可以幫助同學說理更加深刻、透徹、具有說服力，能表現文章的思想深度，是一種運用理論論據進行論證的方法。例如：「『滿招損，謙受益』是中國格言中陶冶人格修養的至理名言。意思是說：自滿會招致失敗，謙虛會得到好處。」這段文章引用了名言作為論據，來說明謙虛的重要。

同學要注意引用的言論和事理的準確度，是不是受大眾信服；還要了解並不是所有的名言，都是理論論據。雖然引用名言符合理據的條件，但只有那些能證明理論正確的名言格言，才能夠成為理據。

另外要注意的是引證法和演繹法不同，演繹法是從理論論據中推出論點，引證法則是直接以理論論據來證明論點。

題目：謙虛

說明：大海不會選擇哪一條河流注入，所以不管是大河或小河，它都能接受容納，因此才可以匯聚成大海，就是所謂「百川匯海」。謙虛，就像大海一樣能包容萬物，而使人進步。請舉例說明你對謙虛的看法。

（會考模擬試題）

謙虛，向來是中華民族的傳統美德，是一種待人處世的態度，也是品德修養的體現，一個人能謙虛，在社會上一定會得到大眾廣泛的支持與信任。謙虛有如山崖中的泉眼，又有如植物深藏於泥土的根，所有的高尚美德都由此而出；謙虛又像放大鏡，把自己縮小，把別人放大，能照見自己的不足而發現別人的偉大。

《尚書》說：「滿招損，謙受益。」人只有謙虛，才看得見自己的不足，能接納他人的忠告，而積極推動自己在各方面努力成長；自滿的人則如同盛滿水的器皿，稍一不慎就容易傾覆。世上沒有滿而不覆的事物，謙虛的人，地位越是崇高，心就越要謙和低下，有句話說：「虛心使人高貴，自負使人膚淺。」做人最怕的就是肚裡沒有真才實學，卻虛張聲勢，只會顯出自己的不足。這些都充分說明了謙虛是改善自己，進而取得成功的第一步。

然而謙虛並不代表無知，也不等於虛偽。謙虛是一種美德，但人不能讓謙虛變成虛偽。有些人為了贏得謙虛的名聲而謙虛，或是為了討好他人而謙虛，就是虛偽。我們不需要虛假的謙虛，只要真誠的謙虛。俄國大文豪別林斯基曾說：「一切真正的和偉大的東西，都是純樸而謙遜的。」謙虛必須是發自真誠，而不帶有任何虛偽矯飾，謙虛本身流露出來的也正是「純樸」二字，謙虛的人懂得反身退步，簡樸自約，低調行事，就會讓人感到品德淳厚使人如沐春風，願意親近。

「謙虛使人進步，驕傲使人落後」，翻開塵封的歷史卷軸，那些謙沖自沐的仁人，如白居易成詩必就教於兒童、老婦，然後再反覆修改，直到他們拍手稱好才算定稿；又如不恥下問的孔圉，死後得到「孔文子」的美稱，他們由於謙虛的態度而有所成就，永載史冊，可知謙虛是邁向成功的重要動力。謙虛的人，擁有反省自己的力量，能彌補不足，終能嘗到成功的甜美。

詩佳老師說作文

1. **審題**：題目是「謙虛」，從說明中，同學要把握「包容」與「進步」兩個重點，寫出謙虛的特性，這些特性是促使人進步的力量。同學也可以由此繼續引申，探討謙虛的各個層面以及影響。

2. **開頭**：使用比喻法，是用事物作比喻來解釋題意，讓抽象的題目更加具體。由於比喻的巧妙和創意，往往能吸引讀者的注意，並幫助讀者快速掌握文章的主旨。作者以泉眼、植物的根，來比喻謙虛是美德的來源，又以放大鏡比喻謙虛使人認識自我、包容萬物的特性。

3. **段落**：運用了垂直法，作者首先引用名言「滿招損，謙受益」，並圍繞著這則理據，層層深入的談到謙虛的真偽，以及明確指出為人處世應抱持的態度。中間又引用兩則名言作為佐證，達到輔助說明的效果，提升文章的說服力。

4. **結尾**：最後用引用法，引用名言「謙虛使人進步，驕傲使人落後」，並舉白居易和孔圉的事蹟為例，得出謙虛是邁向成功的途徑，以鼓勵讀者要培養謙虛的品德。

結構：比喻法→垂直法＋引用論證→引用法

(七)例證

小祕訣

提出論點→舉出事證→證明論點

例證，就是舉例論證，是在文章引用令人信服的事實，如具體的事例、親身的經驗、名人事蹟、實驗證明等等，以支持作者論點的方法。同學要熟悉舉例的方法，文章才能充實而有說服力。

例證的寫法是先提出論點，再提出支持論點的例子去證明論點，達到「事實勝於雄辯」的效果。作者可以用當前的事作例證，如：王先生自小家貧，不得已而輟學，但憑著靈活的頭腦和努力不懈，終於成為臺灣首富；或以歷史事件為證，如：隋煬帝的奢侈腐敗，造成隋朝的迅速滅亡；或者用假設的事作例證，如：假如我們能認清昨日已遠，而今天又是嶄新的開始，我們面對人生的態度就會有所不同。

同學要注意，例子必須能具體的針對論點，要真實可靠而有代表性，並且能明確的跟論點呼應，才能增加說服力。

題目：友誼

說明：友誼是世界上最珍貴的情感之一，兩個人從相識、相知進而成為好友，是難得的緣分。你知道什麼是友誼嗎？朋友之間應該如何對待？如何維持友誼？請寫出你的看法並舉例說明。

（會考模擬試題）

古羅馬學者西賽羅說：「世界上沒有比友誼更美好，更令人愉快的東西了；沒有友誼，世界彷彿失去了太陽。」友誼是朋友之間的情誼，朋友互相關懷、互相扶持、也互相依戀，這種情感是人間最美好的東西。哲學家培根也說：「得不到友誼的人，將是終身可憐的孤獨者。」可見友誼之於人的重要。

友誼是很重要的，人不能夠獨自生活，我們常會遇到各種狀況，這時就需要朋友的幫助。像今年學校帶我們去爬觀音山，這是我們人生的一大考驗，在登山的過程中，大多數同學能平安的走上山頂，靠的不僅是自己的毅力和體力，還加上同學、朋友之間的互相鼓勵和扶持，我們才能頑強的走完全程。行程中有人支持不住時，周圍的同學就會幫他背背包、送水，讓他得到喘息的空間，在那時，每個人伸出的都是無私的友誼之手。朋友能在我們遭遇困境時幫助你，就像個安全氣囊使人心安。

人的生活離不開友誼，友誼要維持長久也是不容易的，朋友之間應保持一定的距離，才能使友誼永存。莊子交朋友從來就不注重物質，但很重視心靈的契合，若有朋友前來拜訪，他往往暢談古今宇宙的精妙道理，而忘記請朋友飲樂。有一次惠施和他談論交友之道，頗有責怪他怠慢朋友的意味，莊子卻引用《禮記》的話：「君子之交淡如水，小人之交甘若醴。」意思是君子志同道合，不求私利，交情看起來像水一樣淡；小人交友則往往親密狎昵，只是暫時的迷醉。我們要守護友誼，就要保持適當的距離。

友誼是心靈的交流，情感的互通，宛如醇酒一般芳香醉人，時間越久就越芬芳；友誼如同氧氣，用力吸一口盛了滿滿的窩心；但友誼也像塊玻璃，看起來堅硬卻容易破裂。友誼需要保持禮貌的距離，來自忠誠和信任的灌溉，再用無私來栽培它，我們就能保有這份人間最珍貴的情感。

詩佳老師說作文

1. **審題**：題目是「友誼」，寫作範圍較廣泛，同學可以從什麼是友誼？友誼的重要、對我們的人生產生什麼影響？如何選擇朋友？維持友誼的方法等方向來思考，並舉出古今事例或親身經歷來說明。

2. **開頭**：用的是引用法，作者引用西賽羅和培根的名言，強調友誼對人的重要性。引用名言最重要的就是要符合主題，只要能適當引用，就有加分的效果；引用之後還要加以說明，使其與主題更融合。

3. **段落**：使用水平法，作者以友誼為中心，向外從不同的角度思考，選擇以友誼的重要和維持友誼的方法，作為段落論述的重點，並且以親身經歷和莊子的典故，說明朋友患難扶助、君子之交淡如水的道理。

4. **結尾**：最後用比喻法，從時間性來看，將友誼比為醇酒；從重要性來看，將友誼比作氧氣；再從持久性來看，將友誼喻為玻璃，都是貼切也合於文章內容的比喻。

結構：引用法→水平法＋舉例論證→比喻法

(八)因果

由因推果、由果推因

因果論證是用事物的因果關係，來說明事理的論證方法，特性是論據與作者的論點具有因果關係。

科學家牛頓提出的「第三運動定律」說：當宇宙中有一力施出時（作用力），必有一力回復（反作用力）。套用到事理上，當我在某個時間做了一件事，那就是「因」，將來必有一件事回來，那就是「果」，好比你從小到大都很用功讀書（因），所以現在如願考上第一志願（果）。

因果論證的兩事物間，必然有依存的關係，通常分成兩種：一種是由因推果的論證，根據觀察到的前因，來推斷未來可能發生的後果，例如因為沒看書，所以就會考不好。另一種是由果推因的論證，根據結果來推斷事情的前因，例如因為他心情不好，所以一定發生了不好的事。

同學要注意因果的邏輯，不要把因果關係顛倒過來，「倒因為果」或「倒果為因」，顛倒事物的因果關係，會使論述的邏輯錯亂。如弟弟因為哥哥把他喜歡的玩具弄壞了，所以跟哥哥吵架，但是哥哥卻說因為弟弟跟他吵架，所以才把弟弟的玩具弄壞，就會造成是非不清的謬誤。

題目：成功與失敗

說明：人人都想成功，但成功卻不是那麼容易得到，成功之前往往會遭遇失敗。有句話說：「失敗可以轉變為成功，而成功也可以導致失敗。」成功與失敗都要看個人的努力。請以個人的經驗為例來闡述看法。

（會考模擬試題）

俗語說：「失敗是成功之母。」這是經歷了歲月的洗禮，被無數事實驗證的真理。在通往成功的道路上，失敗幾乎是難以避免的，成功的人經過的挫折，往往比一般人遭遇得更多，但是對奮鬥的人來說，失敗意味著又向成功邁進一步。

任何事情的成功，無不與失敗有著千絲萬縷的關係。知名速食店肯德基的成功是來自一千零九次的失敗，以及堅持兩年之久的毅力。創辦人桑德斯原本只是靠救濟金生活的老人，在六十五歲時萌生以炸雞技術謀生的念頭，於是開始到各飯店去推銷他的想法，然而遭到許多人的否定。但他不肯放棄，經歷一千零九次的失敗後，終於在鹽湖城得到了第一份合約，現在是全球連鎖的速食店。反觀我們，一次考試挫折就足以令我們沮喪數日，然而沮喪過後，我們就能得到反敗為勝的機會嗎？答案是：不。唯有面對失敗，才能從失敗中站起來。

成功與失敗是互為因果的，成功是因為有了失敗的經驗教訓，而失敗很多是因為自滿於成功，主要在於我們怎樣面對成功與失敗。越王句踐既是失敗者，也是成功者，他經過臥薪嘗膽的忍辱負重，不放棄復國的希望而活著等待機會，終於成功復國，但在句踐死後，子孫不能合作齊心為國，最後越國仍然被滅亡了。一個人能得到成功的結果，歸根究柢，是因為他經歷了長途跋涉和艱辛的攀登高峰，並自我反省總結失敗的經驗教訓，將失敗視為成功的動力。但成功包含著失敗的變數，如果不能虛心以對，終究會導致失敗。

因此，我們應當以正確的態度來看待成功與失敗。面對失敗時不要悲觀，也不要氣餒，找到正確的方法，堅持忍耐過程的艱辛，為取得成功而奮鬥；而面對一切敝帚自珍的成就，我們都要提醒自己不要驕傲自滿，忘乎所以，要總結成功的經驗，迎接未來的挑戰。

詩佳老師說作文

1. **審題**：題目是「成功與失敗」，由兩個詞語組成，互為因果，所以要把寫作重點放在因果關係上。失敗有成功的因數，成功又潛藏著失敗的變數，同學要以這樣的因果關係為論點主軸，最好舉出因為努力而成功，以及由成功而失敗的例子，來支持你的論點。
2. **開頭**：使用引用法，引用俗語「失敗是成功之母」，正好突顯兩者的因果關係。然後進一步解釋這句話，說明成功的人與一般人不同，他們是將失敗當作未來成功的契機。

3. **段落**：利用了故事法，說兩個關於成功與失敗的故事，作者選擇貼近生活的肯德基創業故事，和古代著名的句踐復國的故事，作為例證，前者說明了無數次的失敗造就了成功，後者則說明成功不一定能持久，端看人如何去面對成功與失敗。

4. **結尾**：最後是用總結法，總結前文的說法，得出「態度」決定一切的結論，面對失敗不要氣餒，終究會獲得成功，而成功之後也不能自滿，才能繼續面對其他的挑戰。

結構：引用法→故事法＋因果論證→總結法

(九) 比喻

小祕訣

打比方→推出論點

是用打比方的方式，以一種或數種具體事物作比喻，來說明和論證抽象、深奧的道理，又稱為「喻證法」。這種方法的表達深入淺出，既可幫助讀者理解，又能增加文章的趣味性。

寫法是用真實的事物作比喻，來證明抽象的觀點，首先就必須善用譬喻法的「喻體」和「喻依」。喻體，是所要說明的事物主體；喻依，是用來比方說明喻體的另一個事物，如：書本（喻體）就像降落傘（喻依），打開來才能發生作用（論點）。

同學要注意運用比喻論證時，喻體與喻依之間的聯繫是否密切，兩者的共同點關聯越貼近，越容易使人明白你所說的道理，像上例的書本和降落傘的共同點，就十分明確；也要注意比喻是否切合實際，是否能充分說明問題。

關於比喻的用法，可詳閱本書「修辭篇」的譬喻法。

題目：地球只有一個

說明：地球是生命的繁衍地，哺育萬物，然而這豐饒的地球，卻面臨地球暖化、資源枯竭的問題，成為全球關切的重大議題。想一想，地球正在面對哪些危機？我們又能為地球做些什麼？。請闡發自己的想法，並舉例說明。

（會考模擬試題）

湛藍的天空，因為有它溫柔的包覆；豐饒的大地，因為有它孕育出璀璨的生命；形形色色的萬物，因為有它而得以生生不息；萬物之靈的人，也因為有了它而繁衍生長，創造科技文明的世界。它，就是美麗的地球。可是漸漸的，地球不再美麗，因為暖化的陰影正籠罩著它。

由於地球暖化日益嚴重，萬物同在巨大的鍋爐裡煎熬，發出痛苦的哀鳴。除了影響人類生存外，對於在冰天雪地生活的北極熊也造成威脅。根據科學家研究，北極氣溫升高使海冰不易形成，讓北極熊無法賴以覓食，現在已經發生自相殘殺的情形。暖化也帶給人類重大威脅，高溫引起的異常氣候，對農作物的產量將造成嚴重的影響，作物減產，糧價就會偏高，此外海平面上升會侵蝕農地，溫度上升使肥料和農藥用量增加，糧食的成本也會提高，人類未來將面對糧荒的問題，這一切都是我們應該面對的真相。

地球暖化現象好比一株成長快速的有毒植物，根延伸得越遠、長得越茂盛，代表問題越嚴重，甚至會危害到別的植物。人類不斷的製造環境汙染的問題，正如有毒而不斷繁衍的植物，暖化現象越嚴重，對環境的毒害越深，危害到別的生物。在我們小的時候，地球是母親，我們依賴它生產的農作物、動植物、水、空氣，來滋養生命；但當我們成年了以後，要將地球當作孩子，細心的保護，不使它受到傷害。我們可以從自身做起，徹底的將節能省碳的觀念落實到生活，能親力親為的時候，就不要過度依賴能源，愛護地球正如愛護自己的家，我們的未來將如綻放的春花一樣燦爛。

我們是二十一世紀的青少年，應當開始肩負起時代的責任，保護環境就從我做起，從現在做起，讓天空恢復以往的湛藍，讓大地仍舊豐饒，讓萬物生生不息，讓人們擁有一個美好的世界。地球只有一個，就讓我們來保護它！

詩佳老師說作文

1. **審題**：題目是「地球只有一個」，要撰寫環保文章，所以同學要對目前地球的環保問題，有一定的了解，如果能夠在文章中加入數據、學者的研究、相關的新聞時事，會使你的論述更有憑依。

2. **開頭**：使用懸念法，先描述一些看似無關的事物，層層帶出文章的主題，吊人胃口，引人注意後，再將作者要談論的內容揭示出來，可引發讀者閱讀的興趣。作者先寫天空、大地、萬物而至人類，都因為有「它」而得到滋養，然後揭示「它」就是地球，而地球正籠罩在暖化的陰影下。

3. **段落**：使用故事法，寫出地球暖化的嚴重狀況，以及對生物造成的影響。作者將科學家的研究報告，和新聞報導的糧食問題，當作支持論點的論據；再將地球暖化比喻為成長快速的有毒植物，又將地球本生比喻為母親、小孩，需要人類好好的愛惜。

4. **結尾**：最後用期勉法，勉勵讀者要有負責任的態度，承擔起愛護地球的使命，大家一同維護環境，使地球重新恢復生機。

結構：懸念法 → 故事法 ＋ 比喻論證 → 期勉法

(十)引申

小祕訣

原主題→聯想→新結論

引申，是將文章主題用聯想力延展開來，轉變成新的意義，推出結論，又稱為聯想論證。寫法是將已有的論證成果，在常理可以接受的範圍內，再延伸思考下去，導引出新的觀點或結論，這樣不僅能促使人們思考事物與事物之間的關聯性，更能擴展思想的層次。

如孟子說「先王有不忍人之心」，引申出「因而有不忍人之政」，再引申「因而治天下可運之掌上」，推導出「因而可以保四海」的結論。又如「對話」，可引申為「語言和語言的交流」，再進一步引申出「思想與思想的交流」，還可談到「對話的方式」。

另外，引申的論述要能做到提高和拓展，從外因分析內因，由眼前看到長遠，從現象認識抽象，由某個時地想到世代，由此物認識彼物，目的都是要導出某種深層意義。

題目：讓關心萌芽

說明：世上有許多角落，都需要受到關心，身為學生的我們，應該關心社會、關心他人、了解時事，多多關懷這些幽暗角落，將愛與溫暖傳遞出去。你認為社會上什麼最需要關心？你的想法是什麼呢？

（會考模擬試題）

每天晚上，當我躺在床上準備安睡時，總會聽見街頭傳來吵雜的犬吠聲。那些凶狠的吠叫、哀哀的低鳴或斷斷續續的號哭，多數的人只會覺得恐怖，或是充耳不聞，或咒罵一聲就轉身睡去，卻很少有人會關心這些流浪狗是否有東西吃？是否有地方躲雨？

我想起那些時常聚集在公園附近的遊民，他們因為和家人的關係破裂、失業或傷殘而流落街頭，晚上在公園裡、車站和地下道過夜，雖然沒有溫暖的床鋪，但至少是個遮風避雨的地方。對我們來說，公園是休憩與玩樂的場所，車站和地下道是每天上班、上課經過的所在，這些場所的存在與否，都不是我們日常關注的重點；但對遊民來說，這些地方代表的卻是一個遮蔽所、一個暫時停泊的港口，甚至是一個家。

世界上有些人選擇流浪，但有許多人卻是在戰亂中被迫流離失所，成為鰥寡孤獨的存在。一個遮蔽所對他們而言只是妄想，他們每天只想著「該如何活下去」，延續生命的念頭要比找個家更為迫切。戰爭帶給世人的只是毀滅和破壞，動輒數百萬、數千萬難民被迫離鄉背井，而返鄉的日子又遙遙無期；無辜的人們親眼目睹暴力，他們沒有盼望，也沒有未來，心靈飽受創傷。心靈的無依是一種絕望的感受，找不到家的心比找不到家的人，更需要一份溫暖來救贖，使他們對生命燃起一線生機。

流浪狗在街頭悲鳴，遊民默默的在街頭度過無數的嚴寒與飢餓，戰亂下的難民沒有安居之所、沒有食物和水、也沒有基本醫療，而徬徨無依的心更需要受到關注。我們應該讓自己的關心萌芽，在寒冬送暖，主動關心他們的生活，幫助他們重建心靈，給他們家的溫暖。

詩佳老師說作文

1. **審題**：題目是「讓關心萌芽」，同學可以選擇社會上需要關心的某個現象，來加以發揮，也可以從社會擴大到關心世界性的議題，戰爭、饑荒、失業問題等等。從發現問題進而關心問題，最後謀求解決之道，或是提出呼籲和勉勵，以文字來喚起人們對他人的關懷。
2. **開頭**：使用問答法中的「只問不答」，作者所挑起的疑問，目前可能還沒有解決的辦法，但是這些疑問可以帶動讀者與作者一同反思，開始關心生活周遭的事物。深夜的犬吠聲作為一個開端，帶起下面的種種聯想。
3. **段落**：運用聯想法，作者從流浪狗聯想到流浪漢，關懷遊民的居無定所，也對人們的冷漠感到憂心。接著從流浪漢聯想到難民，戰爭下的難民流離失所，經歷生離死別，比遊民更加悽慘。筆鋒一轉，又從難民聯想到徬徨無依的人心，流浪的心也需要人們的關懷。

4. **結尾**：最後是期勉法，呼籲勉勵大家付出關心，對需要幫助的人施以援助，在寒冬送暖，讓社會、人間處處有溫暖。

結構：問答法→聯想法＋引申論證→期勉法

五、結語

當同學學會了論證的撰寫方法，就等於學會了在議論文中舉例。能夠靈活的運用有效的論述技巧，將使同學在寫議論文時，更能兼顧論據的精采與合乎邏輯的推論，使你的議論文更具有說服讀者的力量！

肆

修辭篇

一、修辭的含意
二、修辭的重要
三、修辭的要領
四、修辭的種類
　㈠譬喻　㈡轉化　㈢誇飾
　㈣映襯　㈤類疊　㈥頂眞
　㈦排比　㈧對偶　㈨層遞
　㈩借代　⑾倒裝　⑿倒反
五、修辭的綜合運用
六、結語

仕女圖

在一片寂靜安寧的湖畔，豎立著一座古樸的小屋。煙囪斜斜的指向灰色的天，水車在屋旁慢慢的旋轉著，承載著光陰的流動……

他袖袍一揮，手中的筆輕輕落下，落在她隨風飛揚的衣裳，那衣服上的金絲細線猶如蛛網，將他牢牢捆住。檀香冉冉，沉靜而芬芳；炊煙裊裊，一縷白煙漸漸升起，直到消失在空氣中。他一聲輕嘆，又提起筆，點染起她的衣裳。

煙霧迷濛，雨氣溼凍，遠山湖泊看來格外的幽思沉靜。直到湖上的煙霧完全消散，皎潔的月光流瀉而下，月兒的影子彷彿一塊白玉，靜靜的沉在水底。不久，漁夫的歌聲也漸漸響起，那蒼涼遒勁的漁唱傳盪在湖水之間，久久不曾斷絕。他不知不覺停下了筆。

只見朱墨染紅了她飛揚的衣裳，蒼白的笑容，微微被夜晚的雨霧給渲染開來，她依然嫣然而笑有如即將綻放的花。水面因風盪起的漣漪，似逐漸的擴大、擴大，直到將世界震得難以入眠。

下雨了，門上鏽蝕的銅鈴早已不復清音，畫中仕女也正逐漸的淡逝、遠去。

在湖畔的小屋中，有個書生站在窗前提筆作畫，他正為情人的衣裳染上朱紅的顏色。不久，他擱筆沉思，凝望著窗外，發現湖面一片白霧朦朧，水氣沉重，低頭一看，方才畫好的人像竟被水氣給渲染開來。畫中的女郎變得模糊了，卻絲毫無損於她的美，但是在書生的心中對情人的印象，卻因為時空的距離而變得模糊難辨。寫故事時，將畫裡衣服的線條比喻成蛛網，月光比擬為流水，漣漪誇飾為能夠震動世界，又使用對偶、排比等文句，都是「修辭」的運用。

一、修辭的含意

「修」是修飾的意思，「辭」本來的意義是辯論，引申為一切的言詞。「修辭」就是修飾文辭，以提高語言表達效果的寫作技巧。

說話要收到效果，必須講究技巧；文章要寫得動人，就要注重修辭。沒有使用修辭的文章，就像一個講話沒有抑揚頓挫、語句簡短的人，無論說什麼都讓人覺得平淡無味，但是如果在說話中用了比喻，就會令人感到驚喜。

所以在一段文字之中，如果能有那令人驚豔的一、兩個形容，或者以對照、排比、譬喻來展現你精闢的見解，就可以畫龍點睛，使文章具有藝術的美感。

除了寫作，我們在欣賞文學作品時，如果熟悉寫作技巧，就容易具體說出文章「好」或「美」的地方。像同學在基測或推甄考試，有時要面對賞析詩詞、文章或措辭造句等題型，如果能夠熟悉修辭，不僅能寫出一手漂亮的文章，更能將這些題目給輕鬆破解。

然而，修辭技巧的學習，並非一蹴可幾的，而是需要長時間的鍛鍊，從閱讀與寫作中累積經驗，才能發揮在作文。

二、修辭的重要

修辭是國文科必考的題型，在介紹修辭法之前，我們先來對修辭題型在會考考試所占的比例，作個整體的觀察，以衡量準備的方向。下表是「九〇～九七年基測修辭命題統計」，可從中窺見修辭在基測命題的出現頻率與重要性，也可做為會考的參考：

90～97年基測修辭命題統計

修辭法＼年	90	91	92	93	94	95	96	97	總計/題
譬喻	1	1	0	1	1	1	1	0	6
轉化	2	1	1	1	1	1	1	0	8
映襯	1	1	1	1	0	0	0	0	4
類疊	0	1	1	1	2	0	1	0	6
對偶	0	1	1	0	1	0	0	1	4
層遞	0	0	1	0	0	0	0	0	1
借代	0	0	1	1	0	0	1	1	4
轉品	1	0	1	0	1	0	0	0	3

修辭法＼年	90	91	92	93	94	95	96	97	總計／題
回文	0	0	0	0	0	1	1	0	2
雙關	0	0	0	1	0	0	0	0	1
象徵	0	0	1	0	0	0	1	0	2
總計／題	5	5	8	6	6	3	6	2	

從歷年基測命題的統計來看，修辭技巧不僅每年必考，題數也占相當的比例；而從修辭的種類來看，命題最頻繁的是譬喻、轉化與類疊三種。這樣的觀察可以幫助同學應考，除了可將修辭應用在作文，也可以作為會考國文考試方向的準備。

三、修辭的要領

想要訓練修辭技巧，可以從閱讀前人的作品，賞析優秀的文章，勤加提筆練習，和在日常生活中應用，來進行自我訓練：

1. **閱讀作品**：平日多閱讀辭采優美的作品，隨手把佳句記下來，或寫在筆記中，判斷句子所使用的修辭法，然後運用在自己的文章中。
2. **賞析文章**：平日要把賞析詩詞、文章的修辭，當作是必要的練習。好處是可以從賞析文章當中，間接吸收作者的經驗，學習到修辭技巧。

3. **勤加練習**：模仿是學習的捷徑之一。同學除了在作文使用修辭外，也可以把修辭法羅列下來，從課本中找出相應的麗辭佳句，進行仿作，當作練習。

4. **生活應用**：要「學以致用」的將修辭應用在日常生活中。平常就必須多注意廣告、新聞、流行歌曲歌詞等所運用的修辭技巧，將特別有創意的句子記錄下來；平常與人對談時，也可以使用比喻、誇飾等方法，加強語言的表達能力。

雖然修辭是美化文句的重要技巧，但是一篇堆砌辭藻和成語，內容卻空洞的文章，並不算是好文章；好的文章必須具有形式上的修辭、文句通暢，還要有藝術的美感，更重要的是傳達深刻的內容意義，才算得上是「內外兼具」的好文章。

四、修辭的種類

修辭是國文的必考題目，出現在語文測驗的題型中，是為了測驗同學對修辭技巧的判別能力，同學應該多閱讀、欣賞文章，並熟悉課文裡句子所使用的修辭技巧；運用在寫作測驗的修辭，更需要平日的練習與培養。

本單元將常用的修辭技巧完整的介紹，分為：譬喻、轉化、誇飾、映襯、類疊、頂真、排比、對偶、層遞、借代、倒裝、倒反等十二種，同學只要配合小祕訣和閱讀說明、範例，加以練習，便能使你的運用生花妙筆，點石成金，創造出充滿創意與魅力的辭采。

(一)譬喻

小祕訣

A像B／A是B

譬喻又稱為「比喻」、打比方，是用具體的事物來形容另一抽象的事物，使事物變得清晰，複雜的道理也變得簡單，能夠表現生動的形象，耐人尋味。

這種寫法需要有創意，才能造出巧妙的比喻，使文章具有藝術的美感，因此同學在「喻依」的部分，必須多多發揮你的想像力。

譬喻是由「喻體A＋喻詞＋喻依B」所組成。喻體是主角，是你要說明的事物；喻依是配角，是說明喻體的另一事物；喻詞則是連接A和B的輔助詞，最後再加上進一步的說明。如：書本（A）像（喻詞）降落傘（B），打開來才能發生作用（說明）。

依照表現方式，又可分為以下四種：

1.明喻

結構是（A＋像＋B），用來表現喻體和喻依的相似點。常用的喻詞有：像、好像、就像、如、有如、就如、似、恰似、好似、若、般、彷彿、好比、猶、猶如等，只要看到這些字眼就能明確判斷出來。如：「友情（A）就像（喻詞）一罈醇酒（B），越陳越芬郁醉人。」（黃麗貞〈舊情綿綿〉）。

2. 隱喻

結構是（A＋是＋B），用來表現喻體和喻依的融合度，又稱為「暗喻」。喻詞是以繫辭：是、就是、等於、為、成為、變成等字眼，來代替明喻的「像」。

隱喻比明喻更深入一層，是把喻體和喻依當成同一個，使譬喻變得比較含蓄、隱微，不像明喻那樣一望而知。如：「跫音不響，三月的春帷不揭，你底心（A）是（喻詞）小小的窗扉緊掩（B）。」（鄭愁予〈錯誤〉）

3. 略喻

結構是（喻體A＋喻依B），是省略了喻詞，只留下喻體和喻依的一種譬喻法，多用在詩詞上，目的是為了使詞句精煉。如：「人有悲歡離合（A），月有陰晴圓缺（B）。」（蘇軾〈水調歌頭〉）改成明喻句就是：「人有悲歡離合（A），就像（喻詞）月有陰晴圓缺（B）。」又如：「歌聲／一排一排的麥浪／湧山頭。」（葉維廉〈野花〉）改成明喻句是：「歌聲／有如一排一排的麥浪／湧山頭。」

4.借喻

喻依取代了喻體，並省掉喻詞，只剩下（喻依），是譬喻最精簡的用法。借喻的句子精練含蓄，特別耐人尋味，在詩詞中可以塑造情境，啟發人們的想像力。如：「撒了滿天的珍珠（喻依）和又圓又亮的玉盤（喻依）。」（楊喚〈夏夜〉）用喻依的珍珠代替喻體的星星、玉盤代替月亮。又如：「月宮裡的明鏡／不幸失落人間／一個完整的圓形／被分成了三片。」（艾青〈西湖〉）用「月宮裡的明鏡」代替「西湖」。

題目：颱風來臨時

說明：臺灣位於颱風行進的路徑上，每年夏季、秋季都會經歷幾個颱風，風勢雨勢往往十分驚人，造成人員或財物的損失。想一想，你對颱風有什麼特殊的觀察和感受，請你就自己的親身經驗詳述。

（會考模擬試題）

「耶！」同學們的歡呼聲蓋過老師的聲音。「安靜！安靜！」我們收起過分的吵鬧聲，卻收不起臉上欣喜的神情。「因為颱風來襲，為了確保大家的安全，決定提早放學……」老師站在講臺繼續唱著他的獨角戲，然而觀眾的心早已經飛回家去了。我收拾書包，回家等待颱風的來臨。

還不到傍晚，天卻漸漸暗下來；抬頭看，烏雲團團籠罩住天空，轉眼間就成了一片黑。忽然一道無聲的閃電如銀蛇般遊過，才剛消失，接踵而來的白線又劃過天空，像個巨大的閃光燈，把街道的每個角落都照得清清楚楚。轟隆隆、轟隆隆，陣陣沉悶的雷聲從天滾落而下，狂風猶如衝鋒陷陣的士兵橫掃過境，吹得樹葉沙沙作響；豆大的雨點任意的敲打地面，瞬間變成一大片透明的雨幕。路上的行道樹彷彿柳枝條兒，在風中搖來擺去，幾乎要禁不住強大的風勢而應聲倒地。

我嚇得躲在被窩裡，不敢靠近震動的玻璃窗，深怕這雷電交加的景象，驚嚇了我這小小的蝸居。於是我決定打開電視轉移情緒，電視的聲音開得很大，簡直到了震耳欲聾的程度，窗外的颱風彷彿隨時將這個世界給吞沒，我心裡掛念著還沒有到家的父母，想像他們在風雨中艱難行走的畫面。這時，我似乎聽到了父母的鼓勵：「要勇敢一點，生活中總會遇到許多風雨，你要學會獨自勇敢面對。」我頓時生出勇氣，覺得自己似乎變得勇敢起來，便離開被窩四處檢查門窗，要代替父母親，好好的守住這個家。

終於，風雨漸漸止息，窗外傳來小鳥啁啾的鳴叫。走到窗前，輕輕的揭開窗簾的一角，透過被雨水洗刷得乾乾淨淨的玻璃，我看到的街道是一片寧靜，一派新的氣象，一棵棵行道樹在馬路中間昂然挺立，落下了一身的雨水，還是那麼的青翠，那樣的不屈。

詩佳老師說作文

1.**審題**：題目是「颱風來臨時」，同學可以從時間來構思：颱風來以前、颱風來臨時、颱風過後，各有不同的景象和故事，可將三個階段分別描述；也可從正當狂風暴雨的時刻切入，在開頭就給予震撼人心的力道。

2.**開頭**：運用了摹聲法，從老師宣布提早放學和同學的歡呼聲，交代出作文的背景和前因，由於提早回家的緣故，使主角必須一個人獨自面對颱風的狂暴，為內容情節提供了合理的環境。

3.**段落**：使用寫景法並配合譬喻的修辭，將颱風來襲的景象描寫出來。作出各種比喻，如「銀蛇、閃光燈」形容閃電，「衝鋒陷陣的士兵」形容狂風，「柳枝」形容行道樹，比起寫「一道閃電劃過」，文章的意象更為豐富，充滿趣味。再從寫景描述到內心的感受，對風雨的恐懼、對父母的擔憂，到最後產生勇氣，決定代替父母守護家園。

4.**結尾**：用的是餘韻法，透過風雨過後的寧靜和行道樹的挺立不屈，主角影射自己也如樹木一樣的昂然，充滿了信心和勇氣。

結構：摹聲法 → 寫景法 ＋ 譬喻 → 餘韻法

㈡轉化

小祕訣

A當成B

轉化又稱為「比擬」，就是把不是人的事物形容得像人一樣，擁有人的情感和動作。使用轉化法，可以強化作者內心的情感，幫助營造文章的氣氛，加深讀者印象，容易得到共鳴。

寫法是將人與物的情感互相轉移，可以把人當作物來形容，人就具有物的特性；或把物當作人來描寫，物就擁有感情、動作和思想。轉化需要豐富的想像力和觀察力，是找出事物彼此可以互通的地方，並且設身處地的站在另一物的角度去想。

譬喻和轉化都是將兩個事物拿來相比，但不同的是：譬喻偏重「喻」，以A事物「喻」B事物，二個事物的地位上有主、從之分。轉化的重點在「擬」，是將A事物「當成」B事物，兩個事物被當成一體，地位上無分軒輕。

例如「路是無聲的語言」為譬喻，主角是「路」，配角是「語言」；而「路說著無聲的語言」則是轉化，「路」是被當成有生命的、會說話的事物。同學應釐清「譬喻」與「轉化」的不同。

依照比擬方向的不同，可分為以下三種：

1. **用人擬人和用物擬人**

用人的行為舉止，描寫人的內在心性，就是「用人擬人」，如：「我睡著，鎖滿心的渴望於我的體內。」（方思〈春醒〉）用人的動作「鎖」來形容人的「渴望」。

用人的特性來描寫山、川、江、河或動植物等物，使物具有人的特性，就是「用物擬人」，如：「山這麼年輕，水這麼年輕，這麼多年輕人陶醉在山水的懷抱裡。」（王熙元〈再遊鸕鶿潭〉）「年輕」通常是用來描寫人的，這裡卻用來描寫無生命的山水。

2. **用人擬物和用物擬物**

把人當成物描寫，使人具有物的特性，就是「用人擬物」，如：「不知道有誰在撕毀著我的翅膀，使我不能飛揚。」（楊喚《詩簡集》）翅膀是鳥類所有，卻用在人的身上，使人也有翅膀。

也可以把物當成另一種事物，使它具有另一物的特性，就是「用物擬物」，如：「被花朵擊傷的女子，春天不是她真正的敵人。」（瘂弦〈棄婦〉）使花朵具有棒槌的特性。

3. **化虛擬實**

將抽象的事物或觀念，當成具體的人、事、物來描寫，是屬於化虛為實的轉化法。如：「她們總是披著一身淡淡的夜色便開始工作。」（張騰蛟〈那默默的一群〉）抽象的「夜色」用人的動作「披」來形容。

又如：「我沒有夸父的荒誕，但晚景的溫存卻被我這樣偷嘗了不少。」（徐志摩〈我所知道的康橋〉）「晚景的溫存」是抽象的意念，也可以用人的動作「嘗」來形容。

題目：發現希望

說明：希望，就是生命的一點靈光，給人無窮的力量和勇氣。不論是寒夜裡柔和的月光，還是動物園新生的無尾熊……都能讓我們發現希望，帶領我們繼續向前邁進。請以「希望」為題，展開想像完成一篇作文。

（會考模擬試題）

空氣中飄著青草的芬芳氣味，洋溢幸福與活力。柳樹發綠了，向路人伸出柔軟纖長的手指，希望人們能夠駐足停留，欣賞它的姿態；花苞也張開緊緊包裹的翅膀，驕傲的挺起花蕾，想吸引忙碌的蜜蜂前來採蜜。孩子們排排的坐在教室，稚嫩的童音吟誦著不朽的經典。這些活力充沛的景象，正是希望的開始。

希望，是戰勝挫折與困難的最好辦法。猶記得那場突如其來的SARS，有如刻骨銘心的惡夢，奪取了許多人的生命，除了造成生活的不便，也對亞洲各國的經濟帶來莫大衝擊，人人在徬徨恐懼的氛圍下生活。儘管如此，白衣天使們並沒有絲毫退縮，因為他們對於戰勝這場沒有硝煙的戰爭，充滿了信心和希望。由於站在第一線的醫療人員堅守崗位，在醫院對抗疾病的病患，無不充滿希望，增加生存的勇氣。

發現希望，必須先調整心態，希望不會憑空而來，需要我們用樂觀的態度去面對。一八一四年，法國大將軍陶梅尼在前線打仗時，遭敵軍的炮彈轟斷一條腿，等他出院回到軍隊後，一位負責幫他擦皮鞋的勤務兵看見他的斷腿，竟驚嚇得哭了起來。陶梅尼將軍問他：「你哭什麼？以後你只要擦一隻皮鞋就夠了，這不是一件好事嗎？」如果我們能以樂觀的態度看待事情，就會充滿希望。

希望無所不在，看啊，那站在枝頭唱歌的小鳥，是清晨的希望；看啊，那蔥鬱的大樹，是夏天的希望；看啊，那豔紅的花朵，是春天的希望。人間處處有希望，我們應該在遇到挫折的時候，用樂觀的態度發現希望，以迎向光明的未來。

詩佳老師說作文

1. **審題**：題目是「發現希望」，重點在寫出抱持希望對人有什麼影響，人間何處有希望，而我們應該如何去發現希望。每個人都曾對某種目標懷抱希望，因此同學可寫的方面不少，但是立意要高，希望的事要與時代相聯，或者反映社會問題，發揮一定的作用。
2. **開頭**：先用冒題法，先描寫萬物的生機和感動，並運用轉化法作出生動的描寫，拉近了物、我之間的距離，展現文字的靈動性。最後才點題，帶出希望擁有活躍與充滿生命力的特性。
3. **段落**：使用的是故事法，首先配合時事，以幾年前的SARS流行病為例，說明當時醫護人員抱著信心和希望，終於幫助病患和社會走出疾病的恐懼；接著以法國將軍陶梅尼為例，提出要發現希望，就是要先調整心態，以樂觀的態度去面對挫折。

4. **結尾**：最後用呼告法，用帶有情感的語調，喚起人們的希望，總結出希望到處都有，只要樂觀的去發現，就能擁有光明的未來。

結構：冒題法→故事法＋轉化→呼告法

(三) 誇飾

小祕訣

特徵→放大／縮小

誇飾是用誇張而且超出事實的筆法，裝飾文辭，將事物的特點描寫出來，使形象更鮮明，情感更激烈，增加趣味性，達到「語不驚人死不休」的效果。寫法是將事物的特徵放大或縮小。

放大誇飾是向事物的多、大、高、長、遠、重、快等擴大形容，如方文山作詞、周杰倫主唱的〈龍拳〉：「我右拳打開了天，化身為龍；把山河重新移動，填平裂縫。」就誇大了龍拳的威力。

縮小誇飾是向事物的少、小、矮、短、近、輕、慢等縮小形容，如張騰蛟〈那默默的一群〉：「從來沒有一吋路面會在他們掃把底下漏掉。」任何一丁點的髒汙都會被清道夫掃掉。

運用誇飾法需要有豐富的想像力，雖然是將事物的特徵加以誇張，屬於超越現實的寫法，卻不致於被誤認為事實，讀者反而能從中欣賞到誇張的創意，留下深刻的印象。

誇飾依題材的不同，可分為以下五種：

1. **物象**

誇張的描寫物體或現象的形狀外貌，放大形容它的壯盛，或縮小形容它的微小。如余光中〈情人的血特別紅〉：「情人的血特別紅，可以染冰島成玫瑰。」艾雯〈太陽月亮〉：「要到街上兜一轉，那高熱一下子就把你體內的水分蒸發乾淨。」

2. **情態**

情態指人的情感和姿態發生時的情形，可放大形容情感的強烈，或縮小形容能力的微弱。如鄭直〈激戰無名川〉：「他酒沒沾唇，心早就熱了。」黃麗貞〈秋夢無痕〉：「他的話使我頭腦一陣轟然，心臟的血液霎時間都流出去了，整個人好像置身在冰雪寒風之中。」

3. **時間**

用誇張的筆法，把後面發生的事情提前來寫，可放大形容時間之快，或縮小形容時間之慢。如：「男人眼還沒閉，她早就瞧上旁人了。」另外，大家都很熟悉的《詩經．王風》：「一日不見，如三秋兮。」和張曉風〈風雨之調〉：「雨仍落，似乎已這樣無奈地落了許多世紀。」都是將時間誇飾來寫。

4.空間

空間的高度、長度、面積與體積，都可加以誇飾，可放大形容其遠、寬，或縮小形容其近、窄。如楊青矗〈在室男〉：「你不那麼愛說話，嘴巴哪會像西子灣那麼闊？」王憲陽〈窄門〉：「草莓由指間長起，與雲並高。」

5.數量

用數字代表誇張的數量，可放大形容數量多，或縮小形容數量少。如白居易〈琵琶行〉：「千呼萬喚始出來，猶抱琵琶半遮面。」李白〈秋浦歌〉：「白髮三千丈，緣愁似箇長。」

表示程度的成語，也不失為一種誇張的形容，如：「自從開學以後，我每天都度日如年！」又如：「大姐今年會考考上第一志願，全家人欣喜若狂，準備好好的慶祝一番。」都能製造強烈的情感效果。

題目：心動的感覺

說明：心動是一種觸動心靈的感受，當我們看到某種具吸引力的人、事、物時，自然就會產生各種不同的情緒，這些情緒會引起感官的反應，使你緊張、狂喜……。你是否曾有心動的感覺？在什麼情況下發生的？請舉例詳述。

（會考模擬試題）

記得第一次見到她，是在夏日的午後，暖風輕撫著她的秀髮，那柔絲在風中輕輕舞動，她帶著笑容從街角的咖啡館走出來。遠望她清秀的臉有如白瓷般細緻，除了相貌的美麗，她的文字也充滿柔情和關懷，或是憐惜、或是愉悅，都是最真心的溫柔。她就是我最喜愛的作家。

那天，我經過這家躲在南京東路巷弄間的咖啡館，午間的陽光灑落，四下只有一片出奇的寂靜，萬物像暫時休息似的，透過明亮的大落地窗，看到她正專心的閱讀。我想請求她的簽名，卻又有些害怕，怕她認為我這個小女孩沒有禮貌。在午間的寂靜裡，我不知道站了多久，望著她的身影，所有的感覺似乎都在瞬間放大：我的心跳加速彷彿擂鼓一般，幾乎要從胸腔裡跳出來；耳邊呼呼作響的，是血液在血管內急速流動的聲音；手心不斷地冒著冷汗，頭髮也因為汗溼而凌亂了。

風再度吹起，她終於起身走出了咖啡館，那瞬間將我所有的知覺都推向最高點，這是心動的感覺，滋味淡而濃情，又摻雜了許多緊張的情緒。第一次近距離的見到最欣賞的作家，沒想到她本人如同她的文章，是那麼清雅秀麗，眉宇之間的人文氣息，透露出她的博學多聞。我害羞的拿著作家的作品，像個小影迷似的，鼓起勇氣走到她的面前，請她簽名。她一開始有些驚訝，但隨即拿筆簽了名，並寫了一段鼓勵的話，就瀟灑的走了。

那次剎那間的心動，在我的青春軌跡裡占據了重要的位置，那張寫有作家娟秀字跡的簽名，仍靜靜的貼在房間的牆上，就像孩子留在樹幹上記錄著身高的刻痕，恰如斧鑿的歲月，隨著時光逐漸磨損，卻依然有動人的更迭，是無可取代的記憶，在人生的路上陪伴著我成長。

詩佳老師說作文

1.**審題**：題目是「心動的感覺」，對象就不限於人或事物，只要能令你「心動」，使你欣賞、感動、緊張、喜悅，就可以當作書寫的對象。心動是一種悸動，強調那瞬間的感覺，所以要寫出那時的心情感受，並說明這樣的經驗帶給你的成長或啟示。

2.**開頭**：使用回憶法，主角先將時光倒流，回憶見到最喜愛的作家那時，初見到本人的第一印象，描述作家外表的美，進而寫到作家的文字美，讓讀者對作家有初步的認識。

3.**段落**：運用通感法，主角描述見到最崇拜的女作家時，那種緊張和心動的感覺，並將自己所有的感官知覺擴大誇飾，以增加情感的強度。最後請作家簽名的時候，更是將感覺推向最高，與午間寂靜的環境形成強烈的對比。

4. **結尾**：最後用比喻法，主角將心動的經驗比喻為樹幹上記錄身高的刻痕，或許隨著歲月會逐漸磨損，但卻是陪伴作者成長的回憶。

結構：回憶法→通感法＋誇飾→比喻法

㈣映襯

小祕訣

觀點→兩面／相對

我們常說「紅花再美，也要綠葉來陪襯」，紅花沒有綠葉相襯，就算再美也不會美得動人心魄，只有紅的夠紅，綠的夠綠，那畫面才能一直吸引人注目。寫文章也一樣。

映是「對映」，襯是「相襯」，映襯是用兩個語法相似的句子，把一種或兩種人、事、物，用不同的觀點加以描寫。作用是可以強調其中一方的特點，或是使兩方的事物都能夠突顯出來。

以作者關注的焦點不同，可分為以下三種：

1. **正襯**

對於同一個人、事、物，用兩種不同的觀點加以形容描寫，叫做正襯，又稱為雙襯，可以從不同的方向強化主體，表現事物的複雜面。如徐志摩〈愛眉小箚〉形容自己：「我是個極空洞的窮人，我也是一個極充實的富人——我有的只是愛。」張蔭麟〈孔子的人格〉形容孔子：「他所喜歡的性格是剛毅木訥，他所痛惡的是巧言令色。」

2. **反襯**

對於同一個人、事、物的現象或本質，使用與它相反的詞語或觀點來形容，叫作反襯，是「用淒苦的景物來寫快樂，用美好的事物來寫悲傷」，可以製造矛盾的反差，給讀者強烈的印象。如鄭愁予〈錯誤〉：「我達達的馬蹄是美麗的錯誤。」席慕蓉〈七里香〉：「那低首斂眉徐徐退去的，是無聲的歌，無字的詩稿。」

3. **對襯**

對於兩件不同的人、事、物，用兩種不同的觀點加以形容描寫，叫作對襯。如艾雯〈路〉：「平穩的道路通向平穩的終程；崎嶇的道路卻往往通向璀璨的前程。」黃娟〈柳儀與纖纖〉：「在男女們的心中種下偉大的愛情，卻在他們的眼前擺著俗不可耐的飯盌。」兩種不同的觀點，有時候意義相近，不一定是完全相反的。

同學要注意，映襯用兩種觀點來形容同一種事物，能了解事物的一體兩面，將主旨的多面向突顯出來，包羅更多的內涵；但是對襯是用兩種觀點來形容兩種事物，能了解兩種事物相反或相成的意義。同學可以從範文中，體會正襯和對襯的不同。

題目：愛的世界

說明：有人說：「沒有愛，人生就失去了意義」我們領受父母的疼愛，得到師長、同學的關愛，在接受愛的同時，我們也學會了付出愛。想一想，愛究竟是什麼？這個世界是否有愛？請寫出你的想法和感受。

（會考模擬試題）

愛是無聲的呢喃，它喚起人們的良知；愛是無價的寶石，它只能無私的付出。愛一向用虛無的方式存在，所有的情感都由它開始，我們在不同的階段，以不同的身分，領略到不同的愛，並且在接受愛的同時，也學會付出愛。

愛像一根蠟燭，雖然比不上燈塔的巍峨，但是照樣能發出奪目的光彩，它無私的燃燒著自己，卻照亮著別人。就像一場突如其來的地震，將四川一所小學壓垮，一位小學老師為了救學生，用肉身擋住不斷掉落的石塊，因而被壓死，死前手裡還緊抱著孩子。另外九名小學老師帶著七十多名學生，一行人整整爬了六個小時，終於逃出災區，將學生一個都不少的平安救出來。難道老師自己不願意活下來？我想不是，這些老師是以堅強的意志和溫柔的疼惜，犧牲自己救出學生，為人們鼓舞了生存的勇氣。

如果我們覺得世界很醜陋、很冷漠，讓人失望，那麼從今天開始，我們可以將世界上不好的事物去除，重新改造世界。我們可以先付出溫暖和愛，讓它慢慢擴大，世界就會顯得美麗多了。有個小男孩，想要實踐讓愛傳出去的計畫，於是把流浪漢接回家，讓他吃好的、穿好的，享受家的溫暖，後來雖然計畫沒有完成，但是已經影響了每個人。難道男孩是為了自己才這麼做？我想不是，男孩懂得愛的意義在於奉獻，而不在索取，這就是愛，愛的偉大就是無我和無私。

從我們出生起，就擁有父母親的細心呵護，在成長中，也伴有老師的殷切希望和同學的熱情鼓勵，我們已經擁有父母的愛和師長、同學的愛，在被愛的時候，更應該無私的給予，把愛擴及到更廣大的世界萬物，只要我們願意付出，世界就一定能洋溢愛的芬芳。

詩佳老師說作文

1. **審題**：題目是「愛的世界」，就是讓愛心充滿世界，關心身邊每一位需要關心的人，歌頌充滿愛心的人物，並喚起奉獻愛心的行為。確立了這樣的中心，作文時就不會偏離主題。同學可以結合時事，平時多留意社會的溫暖面。
2. **開頭**：使用破題法，先定義「愛」是無聲的，也是無價的，能喚起人的良知，但需要人們的付出；反襯的寫法表現出愛的複雜面，使「愛」的輪廓更加鮮明，點出接受愛與付出愛的重要，兩者必須同時受到重視。

3. **段落**：運用問答法中的「自問自答」，先舉代表愛心的事實為例，然後藉著問答來點出作文主題，表示愛可以使人犧牲自己，成全別人，並且愛的意義是在奉獻，而不在索取，這就是愛的偉大之處。

4. **結尾**：最後是期勉法，從我們已經擁有很多的愛，來鼓勵讀者除了接受愛，也要付出愛，並且把愛擴大出去，讓身邊的人都能感受愛的溫暖。

結構：破題法→問答法＋映襯→期勉法

(五) 類疊

小祕訣

字＋字，句＋句

類疊，就像我們玩「疊疊樂」積木一樣，是將同一個字詞重疊起來使用，或反覆使用同一個句子的修辭技巧。

方法是利用同一字詞、句子的連續使用，增強文句氣勢，渲染氣氛；而字詞重複，還可以製造聲音的節奏感，表現文句的旋律美，不斷反覆吟唱相近的詞句，更能深刻的表達情感。

類疊通常和排比一起使用，由於字數相同再加上押韻，感覺便更有節奏感了。類疊除了描寫景物和聲音，還可以描述動作等其他方面。

依照種類的不同，分為以下四種：

1. **疊字**

是將同一個字詞重疊使用（字＋字）。如李清照〈聲聲慢〉：「尋尋覓覓，冷冷清清，淒淒慘慘戚戚。」五月天阿信作詞，王力宏主唱的〈在梅邊〉：「在梅邊落花似雪紛紛綿綿誰人憐，在柳邊風吹懸念生生死死隨人願。千年的等待滋味酸酸楚楚兩人怨，牡丹亭上我眷戀日日年年未停歇。」疊字使得這首歌聽來具有纏綿的情味。

2. **類字**

是將同一字詞放在隔開的位置，反覆使用。如《詩經・小雅・蓼莪》：「父兮生我，母兮鞠我。拊我畜我，長我育我。顧我復我，出入腹我。欲報之德，昊天罔極！」由蔡依林作詞兼主唱的〈始作俑者〉：「想起你電話來時的表情，想起從前愛你的聲音，想起總是微笑的你，想起從前愛你的調皮。」有強調語氣的效果。

3. **疊句**

是將同一語句相連並連續使用（句＋句），能表達強烈的情感。如辛棄疾〈醜奴兒〉：「少年不識愁滋味，愛上層樓，愛上層樓，為賦新詞強說愁。」

向陽〈從冬天的手裡〉：「從冬天的手裡／你黯然飄落／你黯然飄落／在疾走的街上／在疾走的街上／天空最寂寞／天空最寂寞／而你微覺悲涼／而你微覺悲涼／向陰寒長巷／向陰寒長巷／有人仰頭盼望。」如果吟唱出來，便有回音的感覺。

4. 類句

是將同一語句放在隔開的位置，重複使用。如楊喚〈夏夜〉：「朦朧地，山巒靜靜地睡了！朦朧地，田野靜靜地睡了！」又如施人誠作詞，女子團體S.H.E.主唱的〈長相思〉：「長相思，長幾個夜晚。長相思，不如長相伴。」

題目：從一位街頭人物談起

說明：每天我們穿梭在街道上，和許多陌生人擦肩而過，你是否曾停下腳步觀察過那些人？他們的穿著打扮和言行舉止，有時能使我們得到啟發。請選擇一位印象最深的街頭人物，談談他帶給你的想法和啟示。

（會考模擬試題）

這條人來人往的大街上，有個女孩特別惹人注目，街道因為有她的出現而更加熱鬧了。她的臉上敷了層白白的粉底，藍殷殷的眼影，配上鮮豔的紅唇，遠看彷彿是十八世紀的日本藝伎，只是穿的不是和服，而是毛茸茸的白色羽衣和芭蕾舞者的小圓蓬裙，獨特而耀眼。

我慢慢的走近女孩，只見她頭上戴了特製的白紗女僕帽，睜著無邪的大眼甜甜的笑，背上一對小巧的黑色惡魔翅膀，隨著她的步伐輕輕擺動，更妙的是肩膀趴著一隻打哈欠的墨綠眼黑貓。我愣住了，隨即想到附近的臺大正舉行「同人販售會」，這奇裝異服的女子，應該就是個角色扮演迷。愛讀漫畫的我，很快就從那對黑色翅膀和黑貓，認出她扮演的是漫畫《迷糊天使》的善良惡魔「紫亞」。這齣在街頭隨機上演的角色扮演秀，表現得太過真實，恍惚中，我好像跟著進入天使的世界；恍惚中，我好像正和紫亞一起幫助人類，與真正的惡魔對抗。

曾經聽不知多少位長輩說過，角色扮演只不過是模仿而已，並不是創造，認為角色扮演迷的奇裝異服傷害了善良風俗。但其實角色扮演是對原著作品的補充和延伸，年輕人喜歡模仿漫畫人物的穿著打扮，是出於對作品和角色的認同，最單純的理由，就是在原作中可能留下的某些遺憾，能夠從模仿中得到彌補，讓自己最愛的角色延續生命，繼續作者未完成的情節，也能夠圓讀者的夢。模仿作品的人物，以鮮豔大膽的裝扮出現在街頭，只不過是年輕人想將自己的夢想和大家分享。

那位甜美的女孩，已經消失在熱鬧的街頭了，這樣的芳蹤一現是為了獲得快樂與滿足，不僅自己得到快樂，也希望看見她的人同時獲得快樂。也許你我都沒有勇氣做這樣的扮演，也不敢這樣招搖而過，但是可以想見，那即使不是女孩生命的主旋律，但絕對是她值得珍惜一生的回憶。每個人都有夢想，我們應該以喜悅和尊重去看待。

詩佳老師說作文

1. **審題**：題目是「從一位街頭人物談起」，重點在描述這個人物的形貌特徵和引人注目之處。描述完後，必須說明對這個人物的看法，以及對他特別注意的理由。最後，表達你從這個人物身上得到的想法和啟示。
2. **開頭**：使用懸疑法，是從事件的懸疑處寫起，作者刻意先隱瞞線索，營造神祕的氣氛，勾起讀者的好奇心，再逐步的揭示真相，許多偵探故事都運用了懸疑法。主角先從女孩的打扮寫起，那身奇特的打扮引人好奇，卻不急著在開頭就揭露女孩的目的和身分。
3. **段落**：用的是遠近法，主角從開頭的遠看，到靠近的細瞧，讓讀者看得更仔細。在段落揭示女孩原來在做角色扮演，寫出年輕人喜好角色扮演的目的，融合對此行為的看法。用類疊來描寫人物的動作和裝扮，將角色扮演者的誇張打扮，透過疊字的堆疊，表現出輕巧和韻律的感覺。
4. **結尾**：最後用結局法，交代女孩消失在街頭上，但是她為主角帶來的衝擊，使主角深思任何人的夢想，都應該要被充分尊重的一番體悟。

結構：懸疑法→遠近法＋類疊→結局法

㈥頂真

小祕訣

AB，BC，CD

同學應該玩過「成語接龍」的文字遊戲，如意氣風發、發揚光大、大有可為、為人師表、表裡山河、河清海晏、晏然自若、若無其事、事必躬親、親如手足、足智多謀……，可一直串聯下去，而這遊戲就是運用「頂真」來串聯成語。

在文章中，上句的最後一個字詞和下句的第一個字詞相同，使連接的句子首尾蟬聯，叫做頂真，型態是「AB，BC，CD」。頂真可使文章在意義上有連貫的美感，情節變得緊湊，表現出連綿接續的趣味。

雖然類疊和頂真有時候容易混淆，但同學只要熟悉小祕訣的公式，就能夠輕鬆的判斷出來。依表現方式的不同，分為以下三種：

1. **珠串型**

又稱作聯珠法、句間頂真，好像把珠子一顆接一顆串連起來似的，將句與句用相同的字詞串聯起來，使句式和文意都能緊密的承接。如錢公輔〈義田記〉：「親親而仁民，仁民而愛物。」

林語堂〈來臺後二十四快事〉：「宅中有園，園中有屋，屋中有院，院中有樹，樹上有天，天中有月。不亦快哉！」不但連貫，而且有空間擴大的效果。

2. **圓環型**

又稱作連環體、段間頂真，是用相同的字詞將段與段串聯，使前後文意不因為分章、分段而被割裂。如王安石〈憶金陵三首〉：「（其一）覆舟山下龍光寺，玄武湖畔五龍堂。想見舊時遊歷處，煙雲渺渺水茫茫。（其二）煙雲渺渺水茫茫，繚繞蕪城一帶長。蒿目黃塵憂世事，追思陳跡故難忘。（其三）追思陳跡故難忘，翠木蒼藤水一方。聞說精廬今更好，好隨殘汴理歸艎。」三首詩可以分開看，又可以合併觀賞。

3. **句中型**

就是句中頂真，將同一句子裡的兩個片語，用同一字來頂接。雖然看起來像疊字，實則不然，句中型的頂真句子包含了兩段意義的結構，只是用同一個字連接起來。如李白〈宣州謝朓樓餞別校書叔雲〉：「抽刀斷水水更流，舉杯消愁愁更愁。」也就是「抽刀斷水、水更流，舉杯消愁、愁更愁」，具有迴環往復的美感。

題目：讀書的樂趣

說明：人如果讓自己成為讀書的種子，用知識來灌溉，就能興味盎然的吸收書中精華，長成大樹，成為棟梁之材，也能使自己的智慧與心靈有所成長。請說明讀書的樂趣在哪裡？以你個人的閱讀經驗為主，分享讀書的心得。

（會考模擬試題）

翻開書本，一股淡淡的書香飄散開來，映入眼簾的是一行行蘊含了無限樂趣的文字，令我想在讀書的寶殿盡情的遨遊，躍向另一個迷人的知識國度，展開充滿樂趣的旅程。我可以和古代的聖賢對話，可以與高尚的人暢談古今，也可以見證無數個感人的事蹟，更能陶冶我的品德。

閱讀對我而言，已經是每日的必需品與補給品，若是少了讀書，便覺得今日有一件事尚未完成。每晚睡前，我總喜歡登上書本的大殿，到知識的風景區飽覽一番，讓整日上課疲憊的身心，得到舒緩和放鬆。有時我的手上握著一部《論語》，孔子彷彿站在我面前諄諄告誡：「己所不欲，勿施於人。」身旁站著好強的子路。在與孔子的對答中，我學會了不要把自己的快樂，建築在別人的痛苦上。有時我跟著賈寶玉進入《紅樓夢》的幻境，遇見巧笑倩兮的紅樓女兒們，陪著她們經歷人世間的悲歡離合。

在浩瀚的書海中，我最喜愛閱讀經典。讀經典就是在為未來的學習打基礎，好比建築房子，必須先有穩固的地基；地基不穩固，就不能砌成堅實的牆壁；牆壁不堅實，就不能往上蓋成漂亮的大樓。同樣，閱讀經典就是在打穩學習的基礎。此外讀書必須面面俱到，務求廣泛吸收知識，切忌挑食，只選擇自己愛讀的才讀，如此視野就不能拓展開來，要廣泛而深入的閱讀，才能領略個中滋味。英國有句諺語說：「沒有比讀書更好的娛樂、更持久的滿足了。」不論是單純的娛樂，或是帶有研究性質的閱讀，讀書，都能讓我從中得到滿足，獲得心靈的啟發。

讀書的樂趣就像進入寶山尋找寶藏，越是往下深掘就越是快樂，而且絕不會空手而回，因為每一種知識就是一樣珍寶，得之則終身受益。因此，我們要多多鼓勵讀書，讓書本的芬芳充滿生活的每個角落，讓每個人都得以從閱讀當中體會無限的樂趣。

詩佳老師說作文

1. **審題**：題目是「讀書的樂趣」，重點在於「樂趣」二字，所以同學要找出這些樂趣是什麼，又能帶給學生什麼改變或影響，也可以提出讀書的心得或方法，給讀者作為參考。
2. **開頭**：使用聯想法，透過和主題有關的人、事、景、物，展開豐富的聯想，如睹物思情、有感而發，逐漸帶出主題，與自身的情感相結合。主角從翻閱書籍的小動作，聯想到進入知識國度，並能與聖賢、古人對話，陶冶性情等等，是具有想像力的開頭。

3. **段落**：運用列舉法，主角首先說他愛讀的書，以《論語》和《紅樓夢》為代表，前者讓他學會待人處世，後者讓他領略人情的悲歡離合。接著再提到喜愛閱讀經典的理由，提供他的心得：讀經典是為未來的學習打基礎。用頂真來寫，可使他的心得更有說服力。

4. **結尾**：最後是期勉法，主角勉勵讀者要多多讀書，因為書本有太多寶藏，值得人一再挖掘，都能有所獲得。

結構：聯想法→列舉法＋頂真→期勉法

(七)排比

小祕訣

A_1，A_2，A_3

二〇〇八年美國第一位黑人總統誕生，歐巴馬背負美國人的希望獲得勝選。歐巴馬的演說一向充滿魅力，尤其勝選演說可說是排比法典範之作。當中他提到上任後的工作：**There's new energy to harness, new jobs to be created, new schools to build, and threats to meet, alliances to repair.**（新的能源要研發，新的工作機會要創造，新學校要建，不少威脅要對付，既有盟邦關係要修補。）

利用排比法加強語勢的作用，使歐巴馬的演說深深的抓住美國人的心，用在寫文章，也能產生相同的效果。

排比，是用排列兩組或以上相近的句型，以表達同範圍、同性質的情思或意念，作用是使文章的節奏感更強，條理更清晰，表達強烈的感情。

排比的結構型態為「A_1，A_2，A_3」，三個句子都以A代表，表示句型或句子的詞性相近。常用的有詞組排比、單句排比和複句排比：

1. **詞組排比**

用同一個字眼、詞組，或用同詞性的詞組來排比。如袁宏道〈晚遊六橋待月記〉：「月景尤不可言，花態、柳情、山容、水意，別是一種趣味。」李廣田《花潮》：「你可以聽到潮水的聲音，誰知道呢，也許是花下的人語聲，也許是花叢中蜜蜂嗡嗡聲，也許什麼地方有黃鶯的歌聲，還有什麼地方送來看花人的琴聲，歌聲，笑聲……。」

2. **單句排比**

用三個以上結構相似的單句，並列在一起，以表達同範圍、同性質的意思。如《論語》：「知者不惑，仁者不憂，勇者不懼。」朱自清〈春〉：「山朗潤起來了，水長起來了，太陽的臉紅起來了。」余秋雨〈漂泊者們〉：「直眼看去，彷彿到了中國內地的窮鄉僻壤，一樣的格局，一樣的寒傖，一樣的永恆。」

3. 複句排比

用三個以上結構相似的複句（二句為一組），並列在一起，以表達同範圍、同性質的意思。如《孟子．公孫丑上》：「無惻隱之心，非人也；無羞惡之心，非人也；無辭讓之心，非人也；無是非之心，非人也。」簡媜〈行住坐臥〉：「發而為行，行如水上之風；為住，住是蒼翠古松；為坐，坐如暮鼓晨鐘；為臥，臥似無箭之弓。」

題目：對月懷想

說明：月亮能變化不同的形狀，也因為光線的緣故，又有不同的色彩呈現，古今有許多關於月亮的典故，關於月亮的想像極多。請你從月來進行懷想，並將自己的感受和心情描述出來。（會考模擬試題）

今晚，清朗的穹蒼掛著一抹可愛的笑容，伴月的雙星是金星與木星，像一對小眼睛，與下方潔白如微笑的上弦月搭配得天衣無縫，正好形成令人會心一笑的「笑臉」。這陣子我忙著讀書考試，從來沒有仔細的看看月亮，但眼前這抹露齒而笑的眉月，令寒冷的冬夜多了幾分溫暖，也勾起了我心底最深處的琴弦。

漫步在庭院，凝視著夜空，不禁想起月下獨酌的李白：「舉杯邀明月，對影成三人。」詩人只能以月、影為伴，是多麼孤獨淒清，可見得知音難尋；而我擁有幸福的家庭和三、五個知己好友，又是何等的有幸！我又懷念起對月抒懷的蘇軾：「人有悲歡離合，月有陰晴圓缺，此事古難全。」詩人懷念久別的弟弟，加上政治的失意，使他在中秋夜對月抒懷，寫下了這首千古名篇；我想起遠居南部的好友，或許我們身處在臺灣不同的角落，無法再像從前那樣聚在一起，但今晚共賞明月，已經讓我們的心緊緊相繫。

月色像是善變的萬花筒，它的迷人處就是有時像日光般熾烈，有時卻清涼如水，宛如高山瀑布掛壁飛空，傾瀉在一望無際的湖面上，傾瀉在層層堅硬的冰岩上，傾瀉在一座座青蔥翠綠的小丘上，也傾瀉在波濤洶湧如雪堆的海浪上。月色總是予人冰涼的感覺，將炎熱的夜晚降溫不少，我搖搖手中的摺扇，好涼爽的微風！空氣飄散著淡淡的芬芳，是從庭院的桂花樹飄來的呀！置身其中，猶如含著一顆茉綠色的薄荷糖，那股清香沁人心脾，整顆心就隨著四周的茉綠色沉靜下來了。

今晚的月色很美，我想像海上的月冉冉升起，深藍的海面托著月，十分的浪漫有情感，拉近了情侶之間的距離，也為他們繫上看不見的緣。城市裡的月光照射在掛滿耶誕裝飾的行道樹，成了如火般燦爛耀眼的燭花，為漆黑的夜空點綴出一點明光，也將人們的寂寞照亮。

詩佳老師說作文

1. **審題**：題目是「對月懷想」，其實就是寫月的聯想，從月色、形狀等聯想到往事、古今典故等等，聯想的範圍沒有限制，但也不是天馬行空，要能將所見之景與所想之事，做巧妙的連結，並將「我」的感受放入其中。

2. **開頭**：使用特寫法，先針對主題的人、事、物或景的特點，詳細的加以刻畫或描寫，給讀者深刻的印象，引起讀者的共鳴。主角先描寫那晚看到「雙星伴月」的奇景，使他有感於自己生活忙碌，而月色則勾起他無數的感懷。

3. **段落**：運用起興法，先敘述眼前所見的景物，再引渡到要說的事物，通常是觸景生情、因物起興，由物來動情，即是所謂的「聯想法」，只是偏重「物」的觸發。主角鋪陳月光照耀的景象，將月光與瀑布聯想在一起，使用「傾瀉」作為詞組排比。光線的照射和瀑布的傾瀉雖然性質不同，但視覺上卻可連結成巧妙的觸發，而一連串的排比運用，更可表現月光照遍大地的景象。

4. **結尾**：最後是餘韻法，主角從開頭的眼前月色、段落的懷想，到結尾進行往外擴大的想像，他想像海上之月的浪漫，想像城市之月的喜氣，最後以月光將人們的寂寞照亮做結束，讓讀者咀嚼其中況味。

結構：特寫法 → 起興法 ＋ 排比 → 餘韻法

(八)對偶

小祕訣

A_1，B_1；A_2，B_2

中國人喜歡成雙成對的美感，在小說中常出現成對的搭檔，如《包公案》的王朝、馬漢，乃至千里眼順風耳、黑白無常、牛頭馬面等，皆是天生一對。不論是寫故事或寫詩，對偶總是能製造互補或對立的趣味。

「對」是將兩兩相對的東西放在一起，「偶」是成雙成對。「對偶」是將字數相等、詞性相同、句法相同的句子，對稱的排列在一起，意思相反或相關的修辭法。結構型態為「A_1，B_1；A_2，B_2」，A_1和A_2對偶，B_1和B_2對偶。

對偶可分為嚴對與寬對。嚴對要求上下句字數相等，結構相同，詞性一致，平仄相對，不能重複用字，多用在詩歌和詞曲。如王勃〈送杜少府之任蜀州〉：「海內存知己，天涯若比鄰。」平仄為「仄仄平平仄，平平仄仄平」，十分工整。

寬對只求結構大致相同，字數則不一定相同，白話文常使用。如丁穎〈南窗小箚〉：「過去，我曾描繪了秋天的蒼白；如今，我要畫下春天的彩虹。」雖然不如嚴對工整，卻也具有對偶的美感。

常用的對偶方式，依句型的不同，可分為以下五種：

1. **句中對**

又稱「當句對」。同一個句子中，出現兩兩相對的對偶，本身也與上、下句相對，是句型最短的對偶。如李煜〈虞美人〉：「春花秋月何時了？」春花與秋月對偶。陸游〈遊山西村〉：「山重水複疑無路，柳暗花明又一村。」山重、水複對偶，柳暗、花明對偶，而這兩句也對偶。

2. **單句對**

上下兩句的字數相等、詞性相同、平仄相對，在詩歌中是嚴對。如張可久〈折桂令〉：「人老去西風白髮。蝶愁來明日黃花。」用在白話文則是寬對，如余光中〈車過枋寮〉：「雨是一首溼溼的牧歌，路是一把瘦瘦的牧笛。」就不求平仄相對了。

3. **隔句對**

結構上最少要有四句，基本上是以第一句和第三句對，第二句和第四句對，是「錯縱型」的對偶排列，又稱「雙句對」。如魯迅〈記念劉和珍君〉：「慘象，已使我目不忍視了；流言，尤使我耳不忍聞。」明洪應明《菜根譚》：「文章做到極處，無有他奇，只是恰好；人品做到極處，無有他異，只是本然。」

4. **排比對**

在對偶的每個句子中都有排比，對偶與排比可以同時存在。如趙翼《聯曝雜記》：「使君子花，朝白、午紅、暮紫；虞美人草，春青、夏綠、秋黃。」

兩種修辭法同時存在，是因為排比主要表現「情思意念的重複再現」，對偶主要表現「形式的對照」，因此排比重「內容」，對偶重「形式」。如上例《聯曝雜記》的句子，是工整的「對偶」，但同時也有排比「用兩組以上相近的句型，表達同範圍、同性質的對象」的特性。

5. **數字對**

就是在對偶的句子中使用數字。如辛棄疾〈西江月〉：「七八個星天外，兩三點雨山前。」碩慶〈題昆明黑龍潭〉：「四面荷花三面柳，一城山色半城湖。」杜甫〈絕句〉：「兩個黃鸝鳴翠柳，一行白鷺上青天。」

同學要注意，排比和對偶雖然相似，但兩者還是有區別：對偶必須字數相等、結構相同、長度相同、詞性對稱，更要求平仄互對；排比則只要求結構、長度等大致相似。對偶會避免同義字或相同字，排比卻時常同義和同字。

題目：感謝那一次跌倒

說明：跌倒是生活常有的事，跌倒是痛的，可能使你流血、流淚，也可能使你從此畏縮不前，如果換做了人生路途上的跌倒，又會有什麼影響呢？你能否以另一種角度來看待？請你寫出自身跌倒的經驗，以及事後的感想。

（會考模擬試題）

我們都曾經因粗心，導致身體失去平衡而跌倒，其實，不僅在生活中，人的心靈也會「跌倒」。有時我們不是跌倒在自己的缺陷上，而是跌倒在優勢上。優勢，原本是令人羨慕的，然而也可能成為絆腳石，就如同華美的晚禮服，可以讓你高貴耀眼，也可以讓你逐漸迷失。

天生資質不錯的我，總是第一名的常勝軍，受到父母和師長的喜愛，而我也總是沒有讓他們失望，從來沒有在學習上跌倒過。尤其是有一次我生了重病，在醫院住了兩個禮拜，回到學校時就立刻要考試了，我仍然如往常那樣從容應試。當老師公布成績時，我又得到一次滿分，這次老師對我更是大加讚揚，稱讚我即使生了病回來，還是能保持往日的水準，考到理想的成績，要班上同學向我學習。

從此以後，這件事不但令同學們稱羨，甚至傳到其他班級，我就成了大家口中的「才子」。久而久之，我內心也這麼認為，不自覺的開始感到得意，我心想：就算是生病，我還是個打不倒的第一名。於是漸漸的，我輕視起那些學科，上課時我變得漫不經心，回家時變得懶散，不像以前那麼刻苦讀書，反而花了許多時間看電視、打電玩，做一些從前認為不該做的事。考試前，我只讀了幾分鐘，就上場應試，沒想到這一次竟然得了「不及格」！當我看到成績單出現紅字，真的是羞慚極了，我深深感到挫敗，後悔自己的心態不應該那樣驕傲。

挫折，能令人重拾奮鬥的勇氣；失敗，能使人增強向上的動力。那次的失敗喚醒了我，也許我必須經過挫折與失敗的磨練，才能令自己醒悟，督促自己繼續勤奮努力，勝而不驕，敗亦不餒。所以成長中的我們，要珍惜每次人生路上的跌倒，學會長大。感謝那一次的跌倒，讓我懂得了謙卑。

詩佳老師說作文

1. **審題**：題目是「感謝那一次跌倒」，同學首先要釐清跌倒的意義，跌倒不是在路上摔一跤，那只是字面的意思，更深入的意思是人生路上的跌倒，也就是挫折、失敗、苦難等，而這些跌倒對人並非是不好的。
2. **開頭**：使用解題法，先解釋跌倒的意義，從路上的跌倒帶入心靈的跌倒，然後引出人的優勢也可能令人跌倒，表示事物擁有一體兩面的可能性。
3. **段落**：運用故事法，敘述一件自己的經歷，主角原本自認為天之驕子，學習考試無往不利，逐漸養成自大驕傲的心態，這心態最後轉化為負面的東西，使主角在最後摔了重重的一跤，而這也正是使他幡然醒悟的轉捩點。

4. **結尾**：最後用啟示法，運用挫折和失敗的對偶句，寫出即使我們在人生的路上遇到挫折，仍能提醒自己的錯誤，將危機轉化為努力的動能，這就是成長。

結構：解題法→故事法＋對偶→啟示法

(九)層遞

小祕訣

大↕↕小

有一首兒歌叫做「我家門前有小河」，歌詞是：「我家門前有小河，後面有山坡，山坡上面野花多，野花紅似火。小河裡有白鵝，鵝兒戲綠波，戲弄綠波鵝兒快樂，昂頭唱清歌。……」就是用層遞法，一層一層深入描寫小河的場景。

層遞又稱「遞進」，就是將兩個以上的事物，按照順序由大而小，由淺入深，或由小而大，由深漸淺，用遞升或遞降的方式，層層的形容描寫，也就是俗稱的「剝筍法」。

層遞法用來敘事，條理清楚；用來說理，則說服力強；用來抒情，則能產生感染效果。寫法可分為遞升、遞降和升降反覆：

1. **遞升**

按照由小到大、由少到多、由低到高、由淺到深、由窄到寬、由近而遠等順序寫出，逐漸深化句意。如藍蔭鼎〈飲水思源〉：「大河源自於小溪，小溪源自於高山。」是將空間擴大描寫。張潮〈幽夢影〉：「少年讀書，如隙中窺月；中年讀書，如亭中望月；老年讀書，如臺上玩月。」則是將時間擴大描寫。

2. **遞降**

按照由大到小、由多到少、由高到低、由深到淺、由寬到窄、由遠而近等順序寫出，逐漸淡化句意。作用是使文意餘韻悠揚不絕，讓人細細品味。如劉鶚〈明湖居聽書〉：「從此以後，越唱越低，越低越細，那聲音漸漸地就聽不見了。」張秀亞〈持燈者〉：「做不成天空的星子，就做山上的燎火吧！做不成山上的燎火，就做屋裡的一盞燈吧！」陳黎〈茶〉：「一杯茶，由熱而溫而涼。」

3. **升降合用**

是將遞升與遞降一起用反覆的方式表現出來。如管管〈荒蕪之臉〉：「濃濃的夜裡有淡淡的燈，淡淡的燈裡有濃濃的螢；濃濃的螢裡有淡淡的夜，淡淡的夜裡有濃濃的夢。」遞升與遞降合用，再加上頂真，製造出迷離恍惚的感覺。

同學要注意排比和層遞容易混淆。形式上，排比必須句法相似，層遞則不受約束；內容上，排比是並列的，層遞則是逐層遞進的；作用上，排比使節奏緊湊，層遞則使層次分明。只要多練習，就可以分辨清楚。

題目：打開心靈的窗

說明：窗戶，可開可關，然而「窗」存在的目的是什麼？是為了敞開心靈還是封閉思想？人們在心裡關上了窗，往往就會過於戒備、提防和拒絕。你願意打開心窗嗎？你希望走進他人的內心世界嗎？請分享你的看法。

（會考模擬試題）

心靈，也需要我們努力耕耘，就像在田中灑下一把種子，種子冒出了芽，芽長成了稻，稻開出了花，花結成了粒粒金黃飽滿的穗。總要細心的培養，才能讓我們在人生的路上，擁有更多的朋友、更多的快樂和更多的愛。

打開心靈的窗戶，你就會擁有很多朋友，就能接受好朋友的溫暖。因為人們會覺得你的心很包容，不會自我封閉，也不會矯揉造作。不管走到哪裡，到處都會有你的朋友，所有人都願意和這種真誠而寬容的人交往。當你遇到問題不知該如何處理的時候，打開心窗，找好友幫忙處理垃圾，請他們協助，就不致造成無法收拾的地步。同時善用你的微笑，那是打開心靈之窗的鑰匙。

打開心靈的窗戶，你就會擁有很多的快樂，覺得快樂是容易得來的。如果你有一些快樂，也願意和他人分享你的快樂，我們每個人就擁有了更多快樂。如果你總是關起門來孤芳自賞，那麼你永遠不知道快樂只會給敞開心扉的人。所以快樂之道就在於分享，要對生活感到充實，對心靈有所提升，使你的心一天比一天寬廣。如果你不快樂了，那麼就打開心靈的窗戶，迎接快樂的降臨。

打開心靈的窗戶，你就會擁有很多的愛。因為愛就像一陣溫暖的風，只要有空隙就能吹入，所以愛無處不在，並不是遙不可及。只要你打開心靈窗戶，不再將自我隔絕，不再以自我為圓心，主動去關懷他人，友愛、親情便會紛紛往你的心裡吹過，讓你的心被愛包裹著，你就會明白愛應該是彼此的付出，別人的愛走進了你的世界，你也會把愛毫不吝惜的給予別人。

打開窗戶，你會聽見鳥兒清脆巧囀的鳴叫，感受風兒溫柔的吹拂，你會享受陽光照進房子的明亮與溫度，呼吸來自大自然的迷人芬芳。就從現在開始，也打開心靈的窗戶，讓清風吹走所有的陰霾，讓明亮的太陽溫暖你的胸懷，你可以擁有許多朋友、快樂和愛。

詩佳老師說作文

1. **審題**：題目是「打開心靈的窗」，題意較為抽象，同學首先要了解人的心靈容易受傷，也因此容易與人隔絕，或為了自我保護而封閉，所以要寫出關閉心靈的負面與打開心靈的正面價值，以及能為人生帶來什麼改變。

2. **開頭**：使用解題法，用層遞形容心靈也需要耕耘，細心呵護，如同從一顆平凡的種子長為成熟的稻穗，最後是豐收的喜悅。解釋心靈也需要人的培養，只要打開心靈的窗，就能夠我們帶來更多朋友、快樂和愛。

3. **段落**：運用列舉法，分別說明打開心靈的窗可帶來朋友、快樂和愛，它的理由和方法是什麼，那會使人成為真誠和寬容、善於分享、關懷別人的人，這些就會帶來人生的光明面。

4. **結尾**：最後用勸勉法，具有勸化與鼓舞、激勵人心的作用。主角鼓勵讀者從現在開始打開心靈的窗，掃除內心不好的事物，就能讓生命有新的改變。

結構：解題法→列舉法＋層遞→勸勉法

(十)借代

小祕訣

部分代替主體

借代是描寫事物不直接使用它的本名，而借用與它直接相關的事物來代替，或是借用事物的部分或整體。作用是突顯描寫對象的特徵，使形象更鮮明，使文字含蓄簡練。

寫法上，通常是描寫對象的主體不出現，而使用主體的某部分來代替。如溫庭筠〈望江南〉：「過盡千帆皆不是。」描寫的主體是「船」，卻用船的一部分「帆」來代替。

要注意的是，借代的對象和事物的主體之間，是有關聯的，不能拿毫無關聯的事物來彼此借代。

借代常運用事物的特徵和所在、材料和名號、部分或全體、具體或抽象等，來代替事物的主體：

1. **特徵和所在**

借用事物的特徵和所在，來取代事物本身。如陶淵明〈桃花源記〉：「黃髮垂髫，並怡然自樂。」借用頭髮特徵，以黃髮代替老人，垂髫代替小孩。余光中〈逍遙遊後記〉：「每次寫到全臺北都睡著，而李賀自唐朝醒來。」臺北為臺北人之所在，就用「臺北」來代替「臺北人」。

2.材料和名號

借用事物的材料和名號，來取代事物本身。如劉禹錫〈陋室銘〉：「無絲竹之亂耳，無案牘之勞形。」用絲竹代替樂器與音樂，案牘代替公文。梁實秋〈畫展〉：「這一幅像八大，那一幅像石濤，幅幅後面都顯現著一個面黃肌瘦，嗷嗷待哺的人影，我覺得慘。」用「八大山人」和「石濤」的稱號來代替其畫作。

3.部分或全體

借用事物的部分或全體，來取代事物本身。如瘂弦〈坤伶〉：「杏仁色的雙臂應由宦官來守衛／小小的髻兒啊／清朝人為他心碎。」用杏仁色的雙臂、小小的髻兒描寫戲子坤伶之美，是以部分代全體。方苞〈左忠毅公軼事〉：「公閱畢，即解貂覆生。」用「貂」借代「貂皮大衣」，則以全體代部分。

4.具體或抽象

借用具體的事物或抽象概念來取代。如蕭蕭〈布袋戲〉：「人與人之間真的是橋太少而牆太多了，為什麼人總學不會欣賞別人呢？」用橋代替溝通，牆代替隔閡，是以具體代抽象。邵僩〈雪之舞〉：「窗外就是銀白，皚皚的銀白，沁寒的銀白。」用銀白代替雪，則以抽象代具體。

借代和譬喻法的借喻容易混淆。「借喻」中，被借來比喻的事物，和描寫對象之間沒有直接關聯，只是拿來「打比方」；但「借代」時，被借來替代的事物，和描寫對象之間有直接關聯，同學要分清楚。

題目：赤壁之戰文章賞析

說明：

1.請就《三國演義》赤壁之戰的故事，針對內容欣賞分析。

2.本題是測驗同學的「分析能力」，而不是撰寫讀後心得。

3.以白話文書寫，字數在五百字以內，不訂題目，並加新式標點符號。

（推甄模擬試題）

《三國演義》中，最精采的就是「赤壁之戰」，這是以寡敵眾創造奇蹟的著名戰役，經此一戰更造成三國鼎立的形勢。曹操擁護逃回洛陽的漢獻帝，並在官渡之戰擊敗袁紹，大致掌控了中國北方，卻在赤壁之戰中被孫劉聯軍擊敗，形成三國的雛型，可以說「三國」是因赤壁而來。

赤壁之戰雖是「戰」，但古今的戲曲、小說或是改寫，在詮釋時，都很少著墨在戰爭場面的描述，而是聚焦在陣營之間鬥智、用計的精采表現。從諸葛亮舌戰群儒、草船借箭、蔣幹盜書、苦肉計、橫槊賦詩、群英會、借東風，都是強調鬥智不鬥力，直到以下的火燒連環船，才出現戰爭場面。最後曹操敗走華容道，則帶出關羽忠義難兩全的人性考驗，而非獨以曹營殘兵敗將落魄敗走作結束。可知，慘烈的廝殺場面固然可以滿足讀者的耳目，卻不是作者的描寫重點，而是突出「用智」的魅力。

沒有舌戰群儒、草船借箭，就不能突顯諸葛亮的足智多謀；沒有蔣幹盜書、苦肉計、橫槊賦詩，就不能表現智謀運用的巧妙之處；沒有群英會、借東風、火燒連環船、曹操敗走華容道，就不能顯出人物性格。作者的高明之處就在：赤壁不只是一場戰爭，其中各種智謀的運用，展現的更是人類智慧的卓越。

詩佳老師說作文

1. **審題**：題目是「赤壁之戰文章賞析」，常見於推甄試題與學校報告。既然是賞析，就必須包含欣賞和分析，通常題目都會附帶原文給同學參考，同學要詳細閱讀，除了欣賞文學技巧，也要分析作者對情節的安排、寓意等。
2. **開頭**：使用原因法，點出赤壁之戰發生的原因，是因為曹操擊敗袁紹，又被孫權、劉備擊敗，而造成三國鼎立的局面，而赤壁一役也由此而起。
3. **段落**：運用列舉法，舉出赤壁之戰的幾個重點橋段，並用借代以「三國」代替「三國鼎立」，「赤壁」代替「赤壁之戰」，避免在文中不斷提及「赤壁之戰」造成重複感；「耳目」代替

「感官」，是以部分代全體。最後，再以排比法表現赤壁之戰鋪排情節的巧妙。

4. **結尾**：最後用讚美法，讚美赤壁之戰的種種巧妙之處，並點出作者真正的用心，是在崇揚用智的藝術，而不是血腥殺戮的場面，表現獨特的觀點。

結構：原因法→列舉法＋借代→讚美法

(十一)倒裝

小祕訣

顛倒語法

在環保潮流下，最近流行起「環保時尚」的概念，將舊衣服重新剪裁再穿，有人把穿了十五年的卡文克萊長褲，剪短縫合成一件窄裙；穿了幾年後，又變個樣，把窄裙倒裝過來，變成一件背心。倒裝常能製造出令人驚喜的美感，寫文章也一樣。

故意顛倒句子的文法和邏輯上的順序，叫做「倒裝」，打破一般熟悉常用的語法規律，可製造新奇的美感，使文句靈動而富有變化。能增強文章的語氣，協調詩詞的平仄、對仗和押韻，敘述上更生動活潑，給讀者新鮮感。

方法有顛倒詞語的順序，以及顛倒句子的順序兩種：

1.**顛倒詞語**

故意顛倒句子中的主詞、受詞、動詞、補語等詞語的次序。如徐志摩〈再別康橋〉：「沉默是今晚的康橋。」把受詞「沉默」放最前面，順序的句子是：「今晚的康橋是沉默的。」王之渙〈登鸛雀樓〉：「白日依山盡，黃河入海流。」順序句是「黃河流入海」，改變了動詞的順序。辛棄疾〈西江月〉詞：「七八個星天外，兩三點雨山前。」順序句是「天外七八個星，山前兩山點雨」，改變主詞的順序。

2.**顛倒句子**

故意顛倒兩個或兩個以上句子的文法順序。如鄭愁予〈生命〉寫到：「滑落過長空的下坡，我是熄了燈的流星。」按照語意順序應該是：「我是熄了燈的流星，滑落過長空的下坡。」但是倒裝之後較具有詩意。凡葉〈玫瑰之書〉：「你應該唱歌，學雲鳥輕盈的調子，在清晨，在夕暮，在午夜。」按順序是：「你應該在清晨，在夕暮，在午夜，學雲鳥輕盈的調子唱歌。」改變的幅度較大。

題目：柔軟的堅強

說明：柔軟的事物也包含堅強的力量，就如滴水能穿石，若從事物轉成以人為對象來思考，人的性格也能擁有柔軟的堅強。想一想，這能帶給我們什麼影響？我們應該如何運用這個力量？請寫出你的看法並舉例說明。

（會考模擬試題）

大部分的人會認為剛硬的東西一定牢不可破，其實即使像石頭這種堅硬的東西，經過大海經年累月的沖刷，也會慢慢的消蝕掉，所以最堅硬的不一定能持久，最柔軟的也可能勝過剛強。柔軟與堅強，看似對立，卻可以同時存在，有些事物外表柔弱，但往往有堅毅的一面。

人們眼中的男性形象總是比較剛強，所謂「男兒有淚不輕彈」，男人即使內心感到脆弱，卻不會輕易表現出來，所以給人剛強的感覺。然而真正的大丈夫是可以低頭彎腰、能屈能伸的，如蘇秦還沒發跡之時，妻子瞧不起他，嫂嫂也對他冷嘲熱諷，然而他忍受侮辱發憤讀書，最後得以佩帶六國相印，衣錦還鄉。韓信從小失去父母、家貧，所以受盡歧視，卻能夠忍受胯下之辱，因為他能忍人所不能忍，後來才能做大事。因此，如果想要有一番成就，就必須具備柔軟和堅強。

女子溫柔似水，其實也具有撼動萬物的力量，譬如古代的美女，在柔弱的外表下，也有驚人的撼動力。像在古越國的浦陽江邊，那水底的游魚，被西施驚豔得沉入江底；如王昭君悲切地撥動琴弦，雁也哀痛得靜下翅膀，跌落人間；彷彿雲彩遮住了月光，貂蟬也奪去了月色的光彩；好似花葉萎垂，在柳如是纖柔玉指的觸碰下，也羞得低下了頭。然而她們的容貌，並不是流芳百世的原因，西施為復國而勇敢入宮迷惑夫差；王昭君為解除國家危機而自願嫁於匈奴；貂蟬獻出自己以對付董卓和呂布；清軍兵臨城下時，柳如是願投入水中殉國。她們皆以柔弱之身，實踐堅定的信念，證明了最柔軟的也能兼具堅強的道理。

我們在為人修養方面，也要實踐這種柔軟的堅強，要了解自己內心剛強和脆弱的部分，待人方面予以溫和與寬容，面對他人的批評能夠開放與接納，被他人攻擊侮辱要能容忍，並更加充實自己、繼續努力，以扭轉他人的看法。我們應該慢慢磨礪，這一顆柔軟的心，成為堅強的生命能量。

詩佳老師說作文

1. **審題**：題目是「柔軟的堅強」，要掌握題目的意思是「柔軟中包含的堅強」，而不是要同學將柔軟與堅強拿來對比，因此在舉例方面要多注意。這類題目較為抽象，除了說理之餘，應該大量舉例來使抽象的主題具體化。
2. **開頭**：使用了破題法，先說明剛強的事物有其弱點，而柔弱的事物有可能展現剛強，帶入柔軟與堅強看似對立，卻可以同時存在的論點。

3. **段落**：運用列舉法，分別以男性和女性為例子。例如蘇秦與韓信都是功業有成的大男人，但因為能屈能伸，表現柔軟面，才有後來的成功；而西施、王昭君、貂蟬和柳如是等美女，除了外表的柔美，內心也具有純潔堅貞，才能實踐堅定的信念，做出不讓鬚眉的事。

4. **結尾**：最後用勸勉法，具有勸化與鼓舞、激勵人心的作用。再利用倒裝使得句子更增添了詩意的美感和氣氛，而突破了一般慣用的語法和邏輯，也使讀者有新鮮感，能令閱卷老師眼睛一亮。

結構：破題法→列舉法＋倒裝→勸勉法

㈦ 倒反

小祕訣

正話反說／反話正說

倒反法經常出現在日常生活，像有時我們批判別人說：「瞧你做的好事！」意思就是「瞧你做了不好的事」；或者情人之間的對話，女生對男生說：「人家才不想你，你最討厭了！」其實是「想死你了」，內心有不勝之喜。這就是在說反話，委婉的表達內心的意思。

說反話是倒反的表現之一。倒反就是人物表面所說的話，和人物內心真正的意思相反，是用相反的言語來突顯事實。

當作文需要對人物表面讚美，實際上是責罵；或表面責罵，實際上讚美時，就需要運用倒反修辭。寫法上分為倒辭和反語，倒辭不含有諷刺性，反語則含有諷刺性。

我們透過倒反修辭，看見作者想表達的真實意義和表面意義，可以更深入的了解人物，也可以細細品味嘲諷的幽默藝術。

1. **倒辭**

把正面的意思用反面的話敘述，表面上是在責罵，卻沒有諷刺的意思，這就是將「正話反說」，帶有謙虛、自我解嘲的意味。如朱自清〈背影〉：「我那時真是聰明過分，總覺得他說話不大漂亮，非自己插嘴不可。……我現在想想，那時真是太聰明了。」其實是說自己「不聰明」的意思。陳之藩〈河邊的故事〉：「他的徒弟甘地，奉行他的主意，奉行他的傻行。」其實是說甘地「不傻」。

2. **反語**

把反面的意思用正面的話敘述，表面上是在讚美，卻含有嘲弄諷刺的意思。這就是「反話正說」，用不著痕跡的方式諷刺對方，罵人不帶髒字，蘊含了幽默感，是說話的藝術。如有時我們會對倒楣的人說：「你的運氣也未免太好了！」就是說他的運氣「不好」。

梁實秋〈鳥〉：「籠裡的鳥更不用說，常年的關在柵欄裡，飲啄倒是方便；冬天還有遮風的棉罩，十分地『優待』。」籠中鳥失去了自由，卻說是對鳥的「優待」。

題目：一件事的啓示

說明：生活中，經常會發生許多事情，這些事能夠啟發我們的一些想法，促使我們成長，令人終身難忘。想一想，你曾經受到什麼事情的啟迪？請敘述經歷這件事的經過和得到的啟示與影響。

（會考模擬試題）

人生宛如一瓶瓶沒有標示的調味料，其中有酸，有甜，有苦，也有辣，但你永遠不能預先知道瓶子裡的是什麼味道，那滋味只有自己嘗過才能心領神會。我的成長過程也充滿不同的「味道」，讓我明白了許多道理，給了我很大的啟示。

每個人的身上，都有值得我們學習的地方，足以啟發我們的心靈，只要用心體會，人人都可以是我的老師。這個道理直到我國二之後，才完全明白。猶記得班上有一位文靜溫和的男同學，他的長相斯文，平時就沉靜少言，雖然對課業十分用心，卻始終表現平平，所以在班上並不引人注目。我總是將他的文靜當作懦弱的表現，經常跟著同學一起嘲笑他。那時我洋洋得意於自己天生的豪邁性格，認為自己體格強健，有過人的勇氣，是真正的男子漢。

某次下課時，天氣十分炎熱，同學們的情緒也跟著躁動不安。一群高大的男同學圍著他，正對他冷嘲熱諷，有的笑他皮膚白白的「不像男生」，有的說他動作太慢，要他「小心一點」，惡聲惡氣十分嚇人。只見那同學低頭默默不語，就趁亂溜走了，此後他就常受到那群同學的言詞威嚇。隔天早自習，老師突然對大家宣布一件事，原來那位文靜的同學，得到本居全國跆拳道錦標賽國中組冠軍。大家都驚訝極了，相處兩年，竟沒人知道那位同學是跆拳道高手。老師說：「我知道有人常對他做出沒有禮貌的行為，但是他不會仗恃武功了得，就對同學報復，反而包容、忍讓來避免爭端。這才是真正的男子漢！」

這件事徹底的改變了我，原來每位同學都有不為人知的優點，都擁有啟發人心的力量，就如一罈好酒，看得見的是酒，看不見的是酒的香味，但在深入品嘗之後，便覺滿口芬芳。看著他靦腆的微笑，慚愧，頓時占滿我的心，我真是太勇敢了，以至於分不清楚誰是勇者，相信此刻大家都和我一樣獲得了成長。

詩佳老師說作文

1. **審題**：題目是「一件事的啟示」，同學應選擇一件印象深刻的事來寫，而這件事可能對你造成衝擊，影響到你的人生觀。寫作時要將事件經過敘述出來，並著墨在個人成長的轉折，才能將你得到的體悟突顯出來。

2. **開頭**：使用比喻法，將人生比喻為調味料，各種滋味無法預先知道，因此成長路上所遇到的種種事情，也是必須親身體驗才能明白。

3. **段落**：運用回憶法帶讀者回到事發當時，因為一位同學受到的侮辱，和主角自己錯誤的心態，使得作者自認為是個勇者而看不起他人，直到後來發現那位同學擁有不凡的涵養，才使主角得到醒悟。

4. **結尾**：最後用感想法。這類以「反省內心」為題材的啟示類文章，最適合使用倒反修辭，藉著從同學身上得到的啟示來反省自己，說自己「真的是太勇敢了」，實際上是嘲諷、責備自己的錯誤，也令讀者感受到那份誠懇。

結構：比喻法 → 回憶法 ＋ 倒反 → 感想法

五、修辭的綜合運用

撰寫作文的時候，在句子裡將各種修辭綜合運用，可以使得句子的變化更多，比起使用單一的修辭法來寫作，更富有創造力。

運用修辭技巧前，應該熟悉修辭個別的方法和定義，然後進一步熟練修辭法之間的搭配，從不同角度去運用，避免將焦點放在單一的修辭使用。

修辭綜合運用的形式多樣，常見的有：

1. **合用**：將兩種或兩種以上的修辭法合用。由於修辭的分類並不是使用同一標準，所以在作用上會出現重疊的現象，例如某個句子如果從一個標準看，屬於譬喻法；但從另一標準看，又屬於誇飾法，就是譬喻兼誇飾的合用。

2. **連用**：在一段句子中，先後接連運用同一種修辭法，或接連用不同的修辭法，例如將擬人法連用，或是接連使用對偶、擬人和譬喻。

3. **套用**：整段句子明顯地屬於一種修辭，但其中有小部分也含有其他修辭。比例上是「以大套小」，明顯有主次關係。

同學可以善用「圖解」的方式，發揮聯想力和想像力，先從造句開始，有層次的造出變化豐富的句子，如此持續鍛鍊，終能別出心裁的自鑄新句。

練習，永遠是成功的不二法門。

六、結語

同學在寫作的時候，往往將設計的焦點放在章法結構的鋪陳、段落的順序，卻忽略了要寫出麗辭、佳句，同樣也要先經過「設計」。

本書從描寫、論證到修辭，詳細介紹各類寫作技巧，無非在強調創意的運用，除此之外，也需要用心的設計。

藉由小祕訣、理論說明與範文示例，為同學提供設計佳句的方法，只要能加以練習，必定能在作文中展現畫龍點睛的效果，成功的從四級分躍上六級分！

伍 會考作文得分祕訣

一、會考作文得分祕訣總表
二、開頭段落結尾方法總表

本書詳細介紹了描寫、論證和修辭三種寫作方法，其中包含了三十二種技巧的變化，可以彼此搭配運用在記敘文、議論文、抒情文與應用文。此外，同學藉由本章的「會考作文得分祕訣總表」，就能完全掌握所有的寫作技巧，加上「開頭段落結尾方法總表」，羅列了五十種常用的作文開頭、段落、結尾的寫作方法，經過巧妙的組合，就能讓你創作出一篇篇不同凡響的文章。

一、會考作文得分祕訣總表

寫作技巧	種類	小祕訣	參考題目	開頭→段落→結尾
描寫	白描	勾勒輪廓	鐵道風景	原因法→寫景法＋白描→感想法
	細描	細細雕琢	校園最美的角落	反起法→列舉法＋細描→懷念法
	直接	正面呈現	春天	時間法→對比法＋直接描寫→呼應法
	間接	側面比較	影響我最深的人	寫人法→故事法＋間接描寫→讚美法
	主觀	感性寫情	最緊張的時刻	結果法→心情法＋主觀描寫→期勉法
	客觀	理性描述	回家	回憶法→寫景法＋客觀描寫→問答法
	象徵	含蓄蘊藉	登山記遊	空間法→聯想法＋象徵描寫→引用法
	對比	鮮明強烈	古詩新作	空間法→對比法＋對比描寫→餘韻法
	聯想	想像力的觸發	圓的聯想	問答法→問答法＋聯想描寫→呼告法

寫作技巧	種類	小祕訣	參考題目	開頭→段落→結尾
描寫	夢境	潛意識的心念	一場可怕的夢	虛實法→懸疑法＋夢境描寫→結局法
	感官	觀察→感官→內心	一條街道	摹聲法→通感法＋感官描寫→啓示法
	場面	動態＋靜態	參訪○○記	陪襯法→遠近法＋場面描寫→餘韻法
論證	演繹	已知論點→舉出事證→導出主張	守信的重要	結果法→水平法＋演繹論證→總結法
	歸納	分析事證→推出論點→作出結論	談禮貌	解題法→垂直法＋歸納論證→總結法
	類比	相似比較→推出論點→作出結論	沙子與海綿	解題法→正反法＋類比論證→總結法
	對比	正反對立→比較推論→突出特性	自信與自大	破題法→正反法＋對比論證→引用法
	反證	駁斥論點→駁斥論據→駁斥論證	知足常樂辨	冒題法→批駁法＋反駁論證→呼應法
	引證	理據→證明論點	謙虛	比喻法→垂直法＋引用論證→引用法
	例證	提出論點→舉出事證→證明論點	友誼	引用法→水平法＋舉例論證→比喻法
	因果	由因推果、由果推因	成功與失敗	引用法→故事法＋因果論證→總結法

寫作技巧	種類	小祕訣	參考題目	開頭→段落→結尾
論證	比喻	打比方→推出論點	地球只有一個	懸念法→故事法＋比喻論證→期勉法
	引申	原主題→聯想→新結論	讓關心萌芽	問答法→聯想法＋引申論證→期勉法
修辭	譬喻	A像B／A是B	颱風來臨時	摹聲法→寫景法＋譬喻→餘韻法
	轉化	A當成B	發現希望	冒題法→故事法＋轉化→呼告法
	誇飾	特徵→放大／縮小	心動的感覺	回憶法→通感法＋誇飾→比喻法
	映襯	觀點→兩面／相對	愛的世界	破題法→問答法＋映襯→期勉法
	類疊	字＋字，句＋句	從一位街頭人物談起	懸疑法→遠近法＋類疊→結局法
	頂真	AB，BC，CD	讀書的樂趣	聯想法→列舉法＋頂真→期勉法
	排比	A_1，A_2，A_3	對月懷想	特寫法→起興法＋排比→餘韻法
	對偶	A_1，B_1；A_2，B_2	感謝那一次跌倒	解題法→故事法＋對偶→啓示法
	層遞	大⇅⇅小	打開心靈的窗	解題法→列舉法＋層遞→勸勉法
	借代	部分代替主體	赤壁之戰文章賞析	原因法→列舉法＋借代→讚美法
	倒裝	顛倒語法	柔軟的堅強	破題法→列舉法＋倒裝→勸勉法
	倒反	正話反說／反話正說	一件事的啓示	比喻法→回憶法＋倒反→感想法

二、開頭段落結尾方法總表

1	原因法	從事情的原因順序寫起。在文章開始，就把寫作的動機、目的，或事情發生的原因交代清楚。如：「林務局和竹崎鄉公所特別舉辦『單車尬火車』活動，我們全家也一起共襄盛舉。」
2	反起法	在文章開頭先從主題的反面寫起，再拉回正面寫到主題。用反面襯托主題，會形成強烈的對照，使主題更加鮮明。如：「再寬闊的操場、再大的禮堂，都無法吸引我離開這個溫馨的校園。」
3	時間法	在文章開頭從事情發生的時間寫起，包括年、月、日或早、午、晚。從時間起點開始寫，拉開文章的序幕，可讓讀者容易進入情境。如：「星期六的早晨天色昏暗，我進入捷運站時，看到地下街的廣告燈箱寫著：『看見春天了嗎？』」
4	寫人法	在文章開頭從人物的對話、動作、個性、情感、思想等開始寫起，描述日常生活熟悉的言行，寫起來令人格外親切。如：「講臺上，他沉著凝練的姿態如嶽峙淵渟，又帶著難以言說的個人風格。」
5	結果法	在文章開頭從事情的結果寫起，用倒敘寫法。先將事情的結果說出來，然後才敘述事情的經過，可勾起人繼續閱讀的欲望。如：「我深深的一鞠躬，臺下的觀眾紛紛起立，鼓掌的聲音激盪了整個體育館。」
6	回憶法	在文章開頭或段落以回憶的方式，追述過去的事情或抒發情感，帶人走入時光隧道，重現當時的情境。如：「記得我獨自走在熟悉的街道，吹著風，哼著快樂的心情，踏著輕快的腳步回家。」

7	空間法	在文章開頭先說明事情發生的地點、位置、空間和地理環境等，然後再描述風景或記敘事情，讓讀者有身歷其境之感。如：「我正站在海拔標高三九五二公尺的『臺灣第一高峰』——玉山主峰，今天終於登上了巔頂。」
8	問答法	在文章的開頭、段落或結尾，設定問句，接著回答來引出主題。分為只問不答的「反問法」，和自問自答的「問答法」。如：「你說圓形像什麼呢？像雞蛋？還是像鏡子？我覺得圓像母親為我點亮的燈。」
9	虛實法	在文章開頭或段落使用。把時間的過去、現在與未來，交雜於文章之中，製造虛幻迷離的感覺。如：「我揉揉眼睛，那些數字竟像一隻隻螢火蟲似的，輕飄飄的離開了課本之外，往前面陰暗的地方飛去。」
10	摹聲法	在文章開頭用狀聲詞或擬聲字，模仿人物或周遭環境的聲音，能夠製造驚奇，給人出奇不意的感覺。如：「『叮鈴、叮鈴……叮鈴、叮鈴』，賣餅的小販熱情招呼著往來的客人，搖著鈴，不時的高聲吆喝。」
11	陪襯法	在文章開頭先列舉一些和主題相似的事物或經驗，最後再點出主題，使主題更加突出。如：「我曾經參觀收藏古典文物的博物館，也到過大自然踏青體驗學習，最令我陶醉和難忘的，卻是那次前往阿美族的部落。」
12	解題法	題目如果屬於含意較深的抽象語句，就在文章開頭先將題目的意義簡單解釋，讓讀者在開頭就能先了解主題。如〈談禮貌〉：「禮貌的含意就是尊重，可表現個人的修養，是人際關係的潤滑油。」
13	破題法	在文章開頭先解釋題目，又稱「開門見山法」，開頭就把題旨點明，直接揭示主旨，可為後面的正、反論述鋪路。如〈自信與自大〉：「有自信能得到他人信任，但自大則相反，所以分辨自信與自大，就顯得十分重要。」

14	冒題法	在文章開頭使用一段和主題相關的文字，內容可以是小故事或生活經驗，然後帶出文章的主題，以引發題旨，又稱為「埋兵伏將法」。如〈知足常樂辨〉：「有個研究快樂的實驗，其結果十分出人意料，……」
15	比喻法	文章的開頭、段落或結尾，用事物作比喻來解釋題意或主張，讓抽象的題目更加具體。如〈謙虛〉：「謙虛有如山崖中的泉眼，又有如植物深藏於泥土的根，所有的高尚美德都由此而出。」
16	懸念法	在文章開頭先描述一些看似無關的事物，再層層帶出文章的主題，吊人胃口、引人注意之後，再將作者要談論的內容揭示出來。如〈地球只有一個〉：「形形色色的萬物，因為有它而得以生生不息；萬物之靈的人，也因為有了它而繁衍生長，創造科技文明的世界。它，就是美麗的地球。」
17	懸疑法	在文章的開頭或段落，從事件的懸疑處寫起，刻意先隱瞞線索，營造神祕的氣氛，勾起讀者的好奇心，再逐步的揭示真相。如：「這條人來人往的大街上，有個女孩特別惹人注目，街道因為有她的出現而更加熱鬧了。」
18	聯想法	文章的開頭或段落，透過和主題有關的人、事、景、物，展開豐富的聯想，如睹物思情、有感而發，逐漸帶出主題，與自身的情感相結合。如：「映入眼簾的是一行行蘊含了無限樂趣的文字，令我想在讀書的寶殿盡情的遨遊，躍向另一個迷人的知識國度。」
19	特寫法	在文章的開頭，針對主題的人、事、景、物的特點，詳細的加以刻畫或描寫，給讀者深刻的印象。如：「伴月的雙星是金星與木星，像一對小眼睛，與下方潔白如微笑的上弦月搭配得天衣無縫。」

20	寫景法	在文章的開頭或段落配合作文主旨，純粹寫景，按照景物的型態、顏色、聲音和空間次序，具體的描寫。如：「還不到傍晚，天卻漸漸暗下來；抬頭看，烏雲團團籠罩住天空，轉眼間就成了一片黑。」
21	抑揚法	在文章段落中，要讚美主要事物之前，先貶抑次要事物，抑和揚可以反覆交替運用。如：「借問漢宮誰得似，可憐飛燕倚新妝。」是抑神女與飛燕，以揚楊貴妃的花容月貌。
22	列舉法	在文章段落寫出幾樣所要敘述的事物，而這些事物應該有些關聯，並且切合主題，但是順序則可以任憑作者的主觀想法來更動。如：「打開心靈的窗戶，你就會擁有很多朋友、很多的快樂和愛。」就「朋友」、「快樂」和「愛」列舉例子。
23	對比法	在文章段落讓兩個不同或對立的事物，能夠得到比較，例如黑與白、強與弱，從比較中突顯各自的特點。如：「語聲斷斷續續在空寂幽深的山林間，迴盪。」
24	故事法	在文章的開頭或段落使用，又稱實例故事法。在敘述事件時採用故事或實例，以「說故事」的方式來表達。如：「有一次我生了重病，在醫院住了兩個禮拜，回到學校時就立刻要考試了，我仍然如往常那樣從容應試。」
25	心情法	在文章段落描述心情和情感的轉折、變動，精采之處就在於情緒的忽然揚起或急轉直下，能夠牽引讀者的情緒。如：「我支支吾吾的說不出話來，剛剛寫好的講稿，忽然從記憶中被抽走，只剩下一片空白。」
26	通感法	在文章段落同時運用各種感官描寫外界事物，將視、聽、味、嗅、觸等知覺聯繫起來，最後歸於「心覺」，求得內心的體會。如：「人人汗氣蒸騰，只有躲到開了冷氣的商店裡，才不會聞到汗與日曬的微焦氣味，帶有酸酸的臭味。」

27	遠近法	在文章段落宛如攝影機一般，將空間中的遠、近變化描寫出來，可由遠及近或由近及遠，使文章具有動感和突出的美感。如：「遠遠的看過去，只見一團團紅光圍著場地；走近一看，場地四周插著火把。」
28	水平法	就是「水平式思考」，在文章段落以題目為中心，四面八方的向外思考，以聯想更多相關的事物。如：「當年韓信落魄的時候，一位漂母贈飯給他，後來韓信做了楚王，不忘舊恩；商鞅信守承諾賞賜五十金，從此便在百姓心中樹立起威信。」
29	垂直法	就是「垂直式思考」，在文章段落從現有的理論、知識或經驗出發，從上到下、垂直深入分析的思考方式，重視思考的延伸。如：「人只有謙虛，才看得見自己的不足，在各方面努力成長；謙虛是改善自己，進而取得成功的第一步。」
30	正反法	在文章段落將相反的兩種觀念並列，造成強烈的對比。藉由反面來襯托出正面的意思，以增強主旨的說服力。如：「以沙子過水法來學習的人，儘管刻苦用功，所獲得的成效卻十分有限；以海綿吸水法來學習的人，不但視知識為取之不竭的能量，還能夠『儲能』。」
31	批駁法	常用來挑戰存在已久的價值觀，在文章段落從另外的角度，找出這些已知觀念的錯誤，並建立出更有說服力的新觀念。如：「不知足是對現狀的不滿意，因為羨慕他人擁有的，所以要努力改善自己的狀況，不知足就成為進步的動力。」
32	起興法	在文章的開頭或段落，先敘述眼前所見的景物，然後引渡到要說的事物來，通常是觸景生情、因物起興，由物來動情。如：「漫步在庭院，凝視著夜空，不禁想起月下獨酌的李白，我又懷念起對月抒懷的蘇軾，我想起遠居南部的好友……」
33	今昔法	運用時間的過去與現在來組織篇章，形成「由昔而今」的順敘、「由今而昔」的倒敘、「今昔今」及「今昔今昔」等敘述形式。

34	插敘法	在敘述主要事件時，突然把一件相關的事情插進來講，然後再將主要事件的結果說出來。
35	情景法	「情」是抽象的情感，「景」是具體的景物，情景法就是運用具體景物來襯托抽象情感，使得景中含情的寫法。
36	感想法	在文章敘述完之後，寫出心情感受或想法、看法，是一般作文結尾最常使用的方式。如：「這件事徹底的改變了我，原來每位同學都有不為人知的優點，都擁有啓發人心的力量。」
37	懷念法	文章的結尾藉著對主題的人、事、景、物的回憶，抒發想念的心情，能使結尾產生餘韻不絕的效果。如：「如今我將離開這個校園，然而這個平凡的階梯，卻在我心中留下永難忘懷的記憶。」
38	呼應法	在文章開頭和結尾使用，就是前後呼應法。在文章結束時，讓結尾的文意與開頭或主旨相呼應，可以使作文的頭尾意義連貫。
39	讚美法	在文章開頭或結尾針對文章主要的人、事、景、物，根據事實加以讚美或歌頌。如：「作者的高明之處就在：赤壁不只是一場戰爭，其中各種智謀的運用，展現的更是人類智慧的卓越。」
40	期勉法	以期望或勉勵自己和他人的話語，結束文章，也可以在這裡對他人提出建議。如：「我們更應該無私的給予，把愛擴及到更廣大的世界萬物。」
41	引用法	在文章的開頭、段落或結尾，引用相關的成語、格言、詩詞，或引用古今中外的史實與事例，來強調或證明自己的論點。如：「『會當凌絕頂，一覽衆山小』，在山的面前，我永遠是謙卑的。」
42	餘韻法	在文章結尾、場面最精采時打住，留下耐人尋味的餘韻，供讀者咀嚼深刻的含意。如：「點點的手機螢光猶如地面的星空，那一刻，我們都被這場面給深深感動。」

43	呼告法	在文章的開頭、段落或結尾呼喚對方，以引起對方注意，再告訴他要說的事情；或用驚嘆的語氣來敘述，以表達更強烈的情感。如：「希望無所不在，看啊，那站在枝頭唱歌的小鳥，是清晨的希望。」
44	結局法	在文章結尾把事件或故事的結局交代清楚，給予文章完整性。如：「朦朧中我仍舊坐在書桌前，驀然，我照見鏡裡的自己，不禁莞爾：我的臉頰正黏著一張模擬考卷！」
45	啓示法	在文章結尾從對事件和經歷的敘述，歸結所得到的啓示和教訓，來加強文章所表達的中心思想。如：「過去的一切消逝了就不再復返，但我仍能將之留在心底，成為永恆的回憶。」
46	總結法	將文章所分析出來的看法，在結尾總結成為結論，以點出題旨，說明作者的主張。如：「因此，我們面對失敗時不要悲觀，而面對一切敝帚自珍的成就，我們都要提醒自己不要驕傲自滿。」
47	假設法	在文章的開頭、段落或結尾，句子使用假設的語氣「假如」、「如果」開頭。如：「假如沒有母親的細心教導，我就不能平安健康的成長。」
48	勸勉法	在文章結尾出現勸勉法，最具有勸化與鼓舞、激勵人心的作用。如：「我們在為人修養方面，也要實踐這種柔軟的堅強，要了解自己內心剛強和脆弱的部分，待人方面予以溫和與寬容。」
49	祝福法	在文章結尾祝福別人或自己，達到預期目標。如：「誠摯的祝福，所有成長中的孩子，能走出一條屬於自己的人生道路！」
50	對話法	在文章開頭或結尾，利用人物的對話來突顯主題，將題目的主旨突顯出來，製造活潑生動的效果。如：「『這棵樹明年會不會再生出芒果？』我好奇的問。『不會了。』奶奶淡淡的說。夕陽的光線，從路旁的芒果樹間灑落。」

國家圖書館出版品預行編目資料

會考作文拿高分，看這本就對了！／高詩佳著. --四版--. --臺北市：五南圖書出版股份有限公司, 2024.04
面；　公分
ISBN 978-626-393-188-6（平裝）

1.漢語教學　2.作文　3.寫作法　4.基本學力測驗

524.313　　113003527

1XBP

會考作文拿高分，看這本就對了！

作　　者 — 高詩佳（193.2）
企劃主編 — 黃惠娟
責任編輯 — 魯曉玟
封面設計 — 姚孝慈
出 版 者 — 五南圖書出版股份有限公司
發 行 人 — 楊榮川
總 經 理 — 楊士清
總 編 輯 — 楊秀麗
地　　址：106臺北市大安區和平東路二段339號4樓
電　　話：(02)2705-5066　　傳　　真：(02)2706-6100
網　　址：https://www.wunan.com.tw
電子郵件：wunan@wunan.com.tw
劃撥帳號：01068953
戶　　名：五南圖書出版股份有限公司

法律顧問　林勝安律師

出版日期　2009年2月初版一刷（共二刷）
　　　　　2013年2月二版一刷
　　　　　2014年1月三版一刷（共六刷）
　　　　　2024年4月四版一刷
　　　　　2024年9月四版二刷

定　　價　新臺幣320元